Mujeres Premios Nobel

Sección: Ciencias

Ulla Fölsing:
Mujeres Premios Nobel

El Libro de Bolsillo
Alianza Editorial
Madrid

®

Título original: *Nobel-Frauen. Naturwissenschaftlerinnen im Porträt*
Traductora: Rosa Weigand

© C. H. Beck'sche Verlagsbuchhandlung (Oscar Beck), München 1990
© Ed. cast.: Alianza Editorial, S. A., 1992
    Calle Milán, 38. 28043 Madrid. Teléf. 300 00 45
    I.S.B.N.: 84-206-0600-6
    Depósito legal: M. 40.738 / 1992
    Compuesto e impreso en Fernández Ciudad, S. L.
    Catalina Suárez, 19. 28007 Madrid
    Printed in Spain

Para Philipp y Albrecht

En la concesión anual de los Premios Nobel de Ciencias en Estocolmo, el rey de Suecia tiene que tratar, regularmente, con un grupo de hombres. Las mujeres aparecen como esposas y, por ello, sólo como espectadoras decorativas, al margen del acto festivo. Sólo raramente consigue una mujer entrar en las filas de los ganadores de Premios Nobel.

Unicamente diez veces desde el comienzo de los apreciados Premios Nobel de Ciencias, en el año 1901, se han concedido a mujeres: El *Premio Nobel de Física* del año 1903 a la polaca residente en Francia *María Sklodowska-Curie* y en el año 1963 a la germano-americana *María Göppert Mayer;* el *Premio Nobel de Química* en el año 1911 igualmente a *Marie Curie* y en el año 1935 a su hija *Irène Joliot-Curie,* así como en 1964 a la inglesa *Dorothy Hodgkin-Crowfoot*; el *Premio Nobel de Medicina* de 1947 a la germano-americana *Gerty Theresa Cori,* en 1977 a su compatriota *Rosalyn Yalow,* en 1983 igualmente a la

americana *Barbara Clintock,* en 1986 a la ítalo-americana
Rita Levi-Montalcini y en 1988 a la americana *Gertrude
Elion.*

Es decir, diez Premios Nobel en Ciencias para mujeres, mejor dicho, tres completos, tres medios y cuatro
cuartos premios, dentro de un total de tres premios por
noventa y nueve años transcurridos, durante cuyo transcurso fueron nominados casi cuatrocientos premiados de
Física, Química y Medicina; ciertamente un balance no
muy abundante para las mujeres en Ciencia: su participación numérica en los Premios Nobel corresponde a una
proporción de un 2 por 100. Evidentemente este número
refleja la realidad del pequeño porcentaje de científicas
de alto nivel en laboratorios e institutos científicos, tanto
en el pasado como ahora.

Algunos investigadores, que con su trabajo científico
habían tomado parte de forma decisiva en determinadas
áreas posteriormente honradas con el Premio Nobel, han
quedado sin reconocimiento. Este destino lo encontraron también las mujeres. Ejemplos destacados son *Lise
Meitner, Chien-Shiung Wu, Rosalind Franklin* y *Jocelyn Bell
Burnell.* Ultimamente también se habla de *Mileva Marić.*

Lise Meitner era una estrecha colaboradora de Otto
Hahn y jugó un papel importante en la explicación de la
fisión nuclear. Sin embargo no obtuvo el galardón
mientras que Hahn fue distinguido en 1945 con el
Premio Nobel de Química del año 1944 por el descubrimiento de la fisión nuclear.

Experiencias igualmente amargas tuvo la física china
Wu, quien en 1957 demostró, mediante un sutil experimento, las atrevidísimas especulaciones de sus dos colegas masculinos Tsung Dao Lee y Chen Ning Yang,
sobre reflexión especular espacial en procesos subatómicos. Sólo sus dos colegas masculinos fueron premiados
en el plazo de un año.

No menos triste parece el caso de la bioquímica británica Rosalind Franklin: obtuvo mediante análisis estructurales de Rayos X, juntamente con su colega Maurice Wilkins en 1951, los datos con cuya ayuda Francis Crick y James Watson en 1953 desarrollaron un modelo para la estructura espacial de las moléculas de ADN, que son las constituyentes fundamentales de los genes. Watson, Wilkins y Crick consiguieron por ello conjuntamente el Premio Nobel de Medicina. Por entonces Rosalind Franklin acababa de morir. El Comité del Nobel no se ocupa de homenajes póstumos.

También en 1974 participó de forma decisiva una científica en la materialización de un Premio Nobel masculino: sin el trabajo ímprobo de la joven radioastrónomo Jocelyn Bell Burnell, que descubrió en total 7 púlsares, difícilmente hubiera podido ser distinguido su director de investigación, Anthony Hewish, por su decisivo papel en el descubrimiento de ese nuevo tipo de cuerpos celestes.

Encontramos aún antes un caso similar, el de Mileva Marić, la primera mujer de Albert Einstein, con la que vivió y estudió en Zürich. Ultimamente las feministas quieren otorgar una influencia determinante en los trabajos de Einstein en Física Teórica, que le llevaron al Premio Nobel de Física en 1921.

Tanto en el pasado como en el presente, aparecen los Premios Nobel predominantemente como cosa de hombres. Deducir, por la minoría de mujeres en el selecto círculo de ganadores de Premios Nobel y por el papel ocasional femenino en la materialización de estos galardones, que existe una aversión generalizada a las mujeres por parte de los científicos en general y de los Comités del Nobel en particular es ciertamente precipitado. Parece mucho más plausible analizar exhaustivamente las biografías comparadas de las hasta ahora nueve laureadas (de las cuales seis eran de los Estados Unidos o habían trabajado allí), y así averiguar los requerimientos para la materialización de este premio especial, por qué en otros casos conocidos, científicas igualmente cualificadas no pudieran verse recompensadas, a la sombra de sus afortunados colegas masculinos. Por ello, describiremos qué barreras fueron superadas por las científicas en el camino a Estocolmo. De este análisis, puede derivarse una respuesta a la pregunta de si una nominación al Premio Nobel exige un determinado fenotipo de mujer como científico; esto permitirá un cuidadoso acercamiento a la interesante cuestión, qué mujer ascenderá próximamente el pedestal de la fama de Estocolmo.

Mientras que la comunidad científica en todo el mundo hace preparativos para la entrega festiva del Premio Nobel en Estocolmo, hace ya tiempo que los miembros del jurado se dedican a la tarea de elegir los premiados para el año próximo. Porque el procedimiento secreto de nominación de los candidatos a Premio Nobel necesita anualmente de unos doce meses.

De esta forma se decide la concesión de los cinco Premios Nobel clásicos de Física, Química, Medicina, Literatura y Paz, así como el de Economía, creado en 1968. La Academia sueca de Ciencias tiene la competencia sobre los premios de Física y Química, además del de Economía, mientras que el Premio de Fisiología y Medicina es decidido por el Real Instituto Médico Quirúrgico Carolino; la Academia sueca de Bellas Artes escoge el Premio de Literatura; el ganador del Premio de la Paz es nominado por una entidad de cinco personas seleccionadas por el Parlamento noruego[1].

El número de jueces, que decide en secreto sobre la
entrega de los premios, es mayor de lo que se piensa en
general: sólo en Ciencias se invita anualmente a no
menos de tres mil expertos de todo el mundo a proponer
candidatos en su materia. La Real Academia sueca de
Ciencias y el Instituto Carolino determinan a qué científicos debe pedirse consejo; son elegidos por los miembros de ambas entidades, los integrantes del Comité del
Nobel para Física, Química y Medicina, los titulares de
Física, Química y Medicina de las universidades suecas,
así como por sus colegas de dichas facultades en todo el
mundo.

El trabajo práctico en la nominación de candidatos
recae sobre el Comité del Nobel. Cada uno de ellos pide
su voto formalmente a cerca de mil expertos, la mayoría
de los cuales son científicos extranjeros. Sus propuestas
concurren en Estocolmo. Realmente no responde cada
uno de los expertos a los que se pregunta, sin embargo,
llegan hasta el final de plazo del 31 de enero del año
siguiente, algunos cientos de propuestas. Cada recomendación diaria de interés es examinada, prestándose una
especial atención al juicio de anteriores ganadores del
Nobel.

La tarea de los secretarios del comité es entonces
separar el trigo de la paja, lo que se consigue no sin que
tenga lugar un largo papeleo burocrático y sin largas
reuniones secretas de los miembros del Comité. Al final
del verano se elabora finalmente un documento de unas

---

[1] Véase Directorio de la Fundación Nobel: *Nobel Foundation,* Estocolmo 1985; para más datos a este respecto y siguientes véase mi
emisión radiofónica «Premios Nobel ¿casualidad?» Controversia sobre
la entrega de los apreciados trofeos científicos, Deutschlandfunk (Radio alemana) 27. 9. 1977.

100 páginas. En él constan los nombres de los candidatos que fueron escogidos tras la más estricta selección. El papel es mostrado a la Academia de Ciencias y al Instituto Carolino, en su petición definitiva. A mediados de octubre, se hace pública su decisión y los premios son entregados oficialmente el 10 de diciembre, aniversario de la muerte de Alfred Nobel.

El perfecto muro de discreción que rodea la nominación del Premio Nobel hasta la puesta en conocimiento del ganador es cuidado y defendido celosamente; con ello, los jueces del premio quieren erradicar cualquier presión o influencia externa. Además, es parte del prestigio del premio su efecto sorpresa: ningún candidato debe conocer con anticipación si será escogido como estrella Nobel del año. Y aún así algún ganador ha sabido de su suerte a través de algún periodista diligente, poco antes de que le llegara un telegrama de Estocolmo.

Sin embargo los Comités del Nobel tienen bastantes dificultades en la entrega de los premios, y eso no sólo en los apartados de la Paz y Literatura, sino también en las secciones científicas. En realidad, se ponen por lo general antes de acuerdo sobre la producción, demostrable, de científicos y médicos que sobre las cualificaciones artísticas y éticas de los candidatos a los Premios de la Paz y Literatura. Con todo, aún hay gran número de dificultades para los jueces de las materias científicas.

La culpa de ello no la tienen, en última instancia, las disposiciones con las que Alfred Nobel, en la redacción de su testamento de 1895, ató las manos a los jueces del Premio. De ese modo debían, según deseo de Nobel, dividir anualmente tres quintos de los intereses de su fundación entre aquellos investigadores que «en el transcurso del año anterior hayan prestado el mayor servicio a la humanidad, en el sentido de que hayan hecho el descubrimiento o mejora más importante en el terreno

de la Física, Química y Fisiología o Medicina». Con ello
Nobel quería ayudar expresamente a los científicos jóvenes que se esforzaran por su reconocimiento, en su
ascenso.

Anualmente se tropiezan los Comités del Nobel en
varios aspectos con estas indicaciones: Primero, el tipo
de investigador joven, a la vez que exitoso y fuera de
duda, que lucha por su reconocimiento, es aparentemente una especie rara, que apenas se da. La media de edad
de los ganadores del Premio Nobel se ha mantenido,
desde el inicio del premio en 1901, prácticamente sin
cambio en los sesenta y dos años, la de las mujeres que se
encuentran entre ellos, sin embargo, en sólo unos cincuenta y seis años. Unicamente el Premio Nobel de
Física de 1903 de Marie Curie, de treinta y seis años de
edad en aquel entonces, fue para un científico como
supuestamente había pensado Alfred Nobel. Nunca más
en las siguientes décadas se han mantenido los Comités
del Nobel tan fieles al testamento de Nobel. El galardón
se ha convertido cada vez más en la coronación de una
carrera científica.

Los críticos ven en ello una perversión del pensamiento de la fundación de Alfred Nobel. Alegan que su
fundador no pensó jamás en un premio para ancianos
que durante su tiempo de creatividad hayan sido largamente aconsejados, reconocidos y provistos de medios
materiales suficientes. Son culpables del desarrollo de
este error únicamente los Comités del Nobel, que no
tuvieron valor para correr riesgos y que nunca colocaron
en el reparto de premios a nombres menos conocidos,
más discretos y por tanto más discutibles.

Tampoco han mantenido apenas los Comités del Nobel la segunda directiva del fundador, la limitación
temporal de la obra científica que debía destacar el «año
anterior». Este incumplimiento se debe, según ellos, a

una buena razón: sobre el valor o no de descubrimientos científicos y hallazgos técnicos se puede por lo general juzgar equilibradamente sólo después de largo tiempo.

En cualquier caso, desde un penoso incidente en el año 1926, los jueces del Nobel prefieren ser más cautelosos. Aquella vez se cometió realmente una equivocación que produjo escándalo con el Premio Nobel de Medicina: la teoría del danés Johannes Fibiger, inicialmente valorada como sensacional, de que el cáncer se desarrolla por los subproductos del metabolismo de gusanos parasitarios, se demostró no mucho más tarde que era falsa, para consternación del Comité del Nobel.

Este lapsus de hace sesenta años ha hecho adoptar a la Fundación Nobel una estrategia de precaución y espera. Por miedo a «falsos santos», prefiere quedarse con que los premios lleven treinta años de retraso, como el Premio Nobel de Medicina de 1983 de la bioquímica americana Barbara McClintock, por su revolucionario descubrimiento de elementos genéticos mutadores en el maíz. El homenaje tardío honró un trabajo científico pionero de los años cincuenta, cuya importancia no fue conocida hasta la introducción de técnicas biológico-moleculares a principios de los años setenta. Barbara McClintock tenía ochenta y un años cuando recogió el premio en Estocolmo. Algo parecido le pasó también a Gertrude Elion, que en 1988 con setenta años, recogió un premio por descubrimientos que databan de 30 años atrás.

A la fundación Nobel parece que estas cosas le importan poco: en el peor de los casos se deja incluso morir a sus candidatos, como en su tiempo a la microbióloga británica Rosalind Franklin, enferma de cáncer, cuando no se está seguro de que las contribuciones al progreso científico resistan a desarrollos posteriores. Supuestamente, a Rosalind Franklin se la hubiera hecho partícipe de esta preciada distinción, de no ser porque en el momento de la entrega hacía cuatro años que estaba muerta. Ella intervino decisivamente en la comprensión del ADN, por el que sus colegas Francis Crick, James Watson y Maurice Wilkins obtuvieron el Premio Nobel de Medicina en 1962.

En el caso de Crick, Watson y Wilkins pasaron unos diez años antes de que el reconocimiento viniera de Estocolmo. El plazo usual desde un descubrimiento significativo hasta su elección para el Premio Nobel es hasta ahora un período de tiempo de unos quince años, una larga y dura espera.

Todavía los jueces de Estocolmo son necesariamente infieles al testamento de Alfred Nobel en un tercer punto: así como desde el principio parecía prácticamente imposible destacar a jóvenes investigadores y más aún por una obra magistral realizada el año anterior, se demostró cada vez más en el curso del tiempo como absurdo el premiar éxitos «pioneros» individuales, como realmente el fundador de la institución había pensado. En los últimos años apenas han sido entregados los premios científicos a una única persona. La mayoría de las veces fueron repartidos entre dos o tres investigadores de un grupo. En vista de la creciente cooperación, cada vez se dan menos las personalidades científicas aisladas. Por ejemplo, en el caso del Premio Nobel de Física de 1968, el jefe de un grupo experimental, concretamente el americano Luis Alvarez, se embolsó premio y dinero, mientras que los otros quince participantes en el experimento no obtuvieron nada.

También hay fuertes traiciones en la entrega del Premio Nobel en otros aspectos. Clara es también la imposición de Nobel de que el premio debe caer sólo sobre aquellas personalidades que en el año anterior «hayan prestado el mayor servicio a la Humanidad», una fórmula delicada y difícil de interpretar. Ciertamente más de un descubrimiento, que inmediatamente sólo parecía tener una importancia marginal, ha ganado con el tiempo un valor práctico sobresaliente. Por otro lado, en el curso de la historia ha transitado no pocas veces una y otra vez el temor y el miedo, juntamente con progresos benéficos de la ciencia.

Así, las ideas del prominente Premio Nobel de Física de 1921, Albert Einstein —que por lo demás obtuvo el premio no por su teoría de la relatividad, sino por un trabajo publicado en 1905 con el título «Über einen die Erzeugung und Umwandlung des Lichtquants betreffenden heuristischen Standpunkt» (sobre un punto de vista heurístico acerca de la producción y transformación de cuantos de luz)— condujeron finalmente a la construcción de la primera bomba atómica. El láser del premiado en Física en 1964, Charles Hard Townes, se reveló como arma operativa contra las guerrillas en Indochina. Y el DDT de Paul Müllers —objeto del Premio Nobel de Química de 1948— fue unos diez años más tarde el preludio de una crisis mundial del medio ambiente.

De todas formas, consecuencias semejantes no hacen mella en el convencimiento de los comités del Nobel de que en los tres casos se trataba de descubrimientos muy útiles y por tanto dignos del Premio Nobel. Los presidentes del Nobel confiesan también enérgicamente ser de la filosofía de que un Comité del Nobel no debe en modo alguno empezar a considerar un descubrimiento por su posible mala utilización: «Los escrúpulos de ese tipo aparecen casi siempre; si se tomaran en cuenta, conducirían al Premio Nobel al absurdo»[2].

---

[2] Véase Folke Schimanski: «The Nobel Experience: The Decisions makers» (La experiencia Nobel: los que toman las decisiones), en *New Scientist*, vol. 64, 30 octubre 1974, pp. 10 y ss.

No obstante la cada vez mayor dificultad en la resolución de la directriz de Nobel de premiar «los mayores servicios posibles a la humanidad», deja claro que en realidad los Premios Nobel de algún modo poseen rasgos anacrónicos: nos hace retroceder a un tiempo con otras prioridades y valoraciones en la ciencia, como se trasluce claramente del testamento de Alfred Nobel. El mismo compartía evidentemente la optimista creencia decimonónica de que la investigación científica significaba invariablemente un beneficio para la humanidad. Por ello determinó sus premios claramente para las personas que sirvan al bienestar humano en armonía plena con el progreso tecnológico.

Este compromiso es, en la segunda mitad del siglo XX, cada vez más difícil de resolver. En las nueves décadas desde la muerte de Nobel han salido a flote, en la estela del progreso científico y técnico, problemas en los que el fundador de la institución no hubiera pensado ni en sueños. ¿Cómo lo podría haber hecho?: en su tiempo, había sólo unas pocas voces de advertencia que previnieran contra un desbordamiento de la investigación y de la técnica. De los malos presagios de visionarios, como por ejemplo el inglés William Morris, que profetizó un desmoronamiento del medio ambiente en un mundo totalmente tecnificado, se burlaron en todas las ocasiones. Era un panorama distinto al pesimismo general sobre la técnica y sobre el crecimiento hoy: en el umbral de la sociedad postindustrial se hacen sitio nuevos elementos que sólo difícilmente se concilian con la filosofía conservadora de los Premios Nobel.

Por supuesto, son en gran parte voces fuera de la ciencia las que se preguntan sobre el sentido del Premio Nobel en la segunda mitad del siglo XX. En el ambiente científico este premio, que se financia con la fortuna que ganó Alfred Nobel con su industria de explosivos y armas hace ahora más de 90 años, mantiene su inexpugnable renombre. La mancha del «dinero de la dinamita» se limpia con la circunstancia de que el premio viene de un país cuya política de neutralidad ha permanecido inviolada desde hace muchas décadas. A ello se une el hecho de que en la concesión de los premios de Física y Química esté incluida la Real Academia sueca de las Ciencias, así como el Real Instituto Médico-Quirúrgico Carolino en la concesión del premio de Medicina y la propia familia real sueca tome parte en la ceremonia de entrega; estos nombres tan reputados, dan al premio una solemne dignidad que no posee ninguna otra condecoración científica. Finalmente, la circunstancia de que se incorporen cada año las opiniones de científicos reconocidos internacionalmente, en la selección de los candidatos, asegura de nuevo la atención del mundo científico sobre el premio en cuestión.

De este modo el Premio Nobel es, tanto antes como ahora, entre los mismos científicos, el más alto fin, símbolo de una obra excelente en la investigación, el Non-plus-ultra del homenaje científico, la entrada definitiva en el círculo de la alta nobleza de la erudición y el emblema de la ultra-élite en el vértice de la jerarquía científica, con el más alto prestigio en ese escalafón [3].

Sin embargo, el Premio Nobel no proporciona todavía la inmortalidad histórica a los científicos en cuestión; depende de la perdurabilidad de la calidad de su trabajo de investigación. Con todo, el premio de Estocolmo proporciona una superioridad entre los contemporáneos, favorece el seguir investigando y también la consecución de otros papeles en la sociedad. De este modo, no pocos Premios Nobel se convierten en los años siguientes, por

---

[3] Harriet Zuckerman: *Scientific Elite. Nobel Laureates in the United States,* Nueva York, 1977, pp. 11 y ss.

encima de su nivel de expertos, en miembros de la élite «estratégica» de su sociedad, es decir, de cada grupo que toma decisiones importantes en el sistema. El premiado consigue, por tanto, influencia científica, política y social, consiguiendo el acceso a los resortes de cambios importantes de la sociedad[4]. ¡No hay que extrañarse pues de que, tanto antes como ahora, sea apreciado!

---

[4] Zuckermann, ibíd., p. 13.

Sólo diez veces fueron entregados, desde el año 1901 —como ya se ha mencionado en el prólogo— Premios Nobel a mujeres en el campo de las ciencias:

La más famosa de las mujeres Premios Nobel es sin duda *Marie Sklodowska-Curie,* que a través de sus investigaciones ha colaborado decisivamente en la construcción de la Física moderna. Durante décadas permaneció incluso como único científico que recibiera el Premio Nobel dos veces. Ninguna mujer la ha imitado a este respecto.

La agitada vida de Marie Curie ha sido narrada repetidas veces: Llegó como Maria Sklodowska, desde su ciudad natal Varsovia, a París, para realizar sus estudios de Física y Matemáticas, donde después de un brillante final de su carrera se casó con su colega Pierre Curie, mayor que ella. En los años siguientes, juntamente con su marido, analizó con agotador esfuerzo y bajo condiciones externas de una dureza inimaginable un fenómeno nuevo fascinante que acababa de ser descubierto por

Henri Becquerel: la emisión espontánea de radiación ionizante por sales de uranio, la «radiactividad».

El primer gran triunfo de su trabajo fue el descubrimiento de los elementos radio y polonio, que sobrepasan altamente la radiactividad del uranio. Marie Curie fue distinguida con el Premio Nobel de Física en 1903 por el descubrimiento de la radiactividad, juntamente con su marido Pierre Curie, así como Henri Becquerel.

Pierre Curie, para quien fue creada una cátedra de Física en 1904 en la Sorbona, murió en 1906 en un accidente de tráfico en París. Cuando el Ministerio de Educación posteriormente facilitó una generosa pensión para Marie Curie, cuyas hijas tenían dos y ocho años, ella la rechazó y exigió poder seguir trabajando. Consiguió retomar la cátedra de su marido y con ello fue la primera mujer que enseñó en la Universidad de París. En 1911 Marie Curie obtuvo un segundo Premio Nobel, esta vez de Química y en solitario, por su descubrimiento de los elementos radio y polonio, y por haber aislado el radio.

La hija mayor de Marie Curie, *Irène Joliot-Curie,* fue asimismo física nuclear. Juntamente con su esposo, Frédéric Joliot, descubrió en 1933 la radiactividad artificial y, con ello, la posibilidad de fabricar isótopos radiactivos de todos los elementos químicos, un descubrimiento que tuvo amplios frutos en Química y Medicina. También Joliot-Curie obtuvo un Premio Nobel de Química —juntamente con su marido Frédéric Joliot— en 1935.

La segunda y hasta ahora última científica, después de Marie Curie, que tuvo la suerte de obtener un Premio Nobel de Física, fue *Maria Göppert-Mayer,* en 1963. Se había doctorado en 1930 en Göttingen, bajo la dirección del físico alemán Max Born, asimismo Premio Nobel, y poco después fue a Baltimore con su marido americano. Conjuntamente con Eugene P. Wigner y Hans D. Jensen obtuvo el Premio Nobel por sus trabajos sobre la estructura de capas del núcleo atómico.

El tercer y último Premio Nobel de Química fue a parar en 1964 a la química británica *Dorothy Hodgkin-Crowfoot*. El comité del Nobel le concedió el premio por los análisis realizados con métodos de Rayos X de la estructura de sustancias bioquímicas importantes, concretamente por la explicación de la estructura de la vitamina B_{12}.

Cinco Premios Nobel femeninos posteriores fueron otorgados en el terreno de la medicina: El primero lo obtuvo en 1947 la bioquímica austro-americana *Gerty Theresa Cori* juntamente con su marido Carl Ferdinand Cori, así como el argentino Bernardo Houssay por sus hallazgos sobre el metabolismo de los hidratos de carbono y la función de las enzimas en los tejidos animales, sobre todo la formación y el catabolismo del glucógeno en los músculos. El segundo Premio Nobel de Medicina femenino lo recibió la americana *Rosalyn Yalow*. Fue medio premio, y la segunda mitad fue, por otros trabajos, para Roger Guillemin y Andrew Schally. La física nuclear Rosalyn Yalow obtuvo el premio por su contribución al desarrollo del ensayo radioinmunológico, un método indicador, que desarrolló junto con el doctor Solomon Berson en el Veterans Administration Hospital en el Bronx, para la identificación de la péptido-hormona. Esta técnica es hoy en día la dominante en la medida de las más pequeñas cantidades de sustancias biológicamente activas en nuestro cuerpo, que de otro modo no serían detectables.

La tercera laureada con el Nobel de Medicina y Fisiología fue, en 1983, también una americana, la bioquímica *Barbara McClintock*. Obtuvo el premio indiviso por su ya antiguo y revolucionario descubrimiento de elementos genéticos mutadores en el maíz.

El cuarto Premio Nobel de Medicina fue en 1986, o sea tres años más tarde, para la italiana, nacionalizada americana, *Rita Levi-Montalcini.* Recibió el premio junto al bioquímico americano Stanley Cohen por su descubrimiento conjunto del factor de crecimiento de los nervios, que habían hecho veinte años antes en la Universidad-Washington en St. Louis, la misma universidad en la que Gerta Theresa Cori y su marido Carl Ferdinand Cori habían trabajado, cuando obtuvieron idéntico galardón, en 1947.

El último Premio Nobel de Medicina fue adjudicado en 1988, o sea, sólo dos años después de la entrega del premio a Rita Levi-Montalcini, a la americana *Gertrude Elion* junto a su colega George Hitchings, por el descubrimiento de importantes principios de tratamientos medicinales. Este premio fue, excepcionalmente, para dos valiosos investigadores de la industria.

Diez Premios Nobel en ciencia para nueve mujeres —¡un balance no muy equilibrado, ciertamente! Las biografías de estas investigadoras son, no obstante instructivas, para el tema de las mujeres y la ciencia. Igualmente instructivas son las biografías de aquellas científicas que no obtuvieron el Premio Nobel, aunque sus trabajos las hubieran hecho merecedoras de él. Sus vidas también serán mostradas en este libro.

La más conocida, *Lise Meitner,* fue primero ayudante directa de Max Planck en el Instituto de Física Teórica de la Universidad de Berlín y con ello la primera ayudante en Prusia de toda la historia; posteriormente fue durante muchos años estrecha colaboradora de Otto Hahn en el Instituto Kaiser-Wilhelm de Química de Berlín.

Trabajó sobre todo en rayos alfa, beta y gamma, en el elemento protactinio, descubierto por ella, en productos de desintegración del radio, y en la radiación del uranio.

Por ello, jugó un papel significativo en la explicación de la fisión nuclear— el propio Albert Einstein designó a Lise Meitner una vez cariñosamente como «nuestra Madame Curie». En lo que concierne al Premio Nobel, la señora Meitner no obtuvo recompensa, en contraposición a su colega Otto Hahn: Hahn recibió en 1944 el Premio Nobel de Química por su descubrimiento de la fisión del núcleo de los átomos y, evidentemente, a pesar de toda la estima por Lise Meitner, no se le ocurrió ni por lo más remoto hacer llegar la mitad de su premio a su merecedora colaboradora.

Que los hombres no son necesariamente caballeros cuando se trata de dividir un Premio Nobel, no es nada nuevo. La más dura experiencia en este sentido la tuvo la física americana *Chien-Shiung Wu,* profesora en la Universidad de Columbia en Nueva York. En 1957, había demostrado mediante un sutil experimento las atrevidísimas especulaciones de sus dos colegas masculinos Tsung Dao Lee y Chen Ning Yang, sobre reflexión especular espacial por procesos subatómicos. Ambos hombres fueron premiados con el Premio Nobel, en el plazo de un año. Por el contrario Wu no obtuvo nada.

Mientras que en el caso de la señora Wu quizá pueda presentarse como motivo el menosprecio heredado hacia la física experimental, respecto de la física teórica, la consideración social de la escasa disposición femenina para las ciencias no puede aplicarse a la profesora china. Y tampoco a la bioquímica británica *Rosalind Franklin,* que juntamente con su colega Maurice Wilkins en 1951, obtuvo los datos con análisis de Rayos X en el King's College de Londres, con cuya ayuda Francis Crick y James Watson en 1953 desarrollaron un modelo para la estructura espacial de las moléculas de ADN, que son las constituyentes fundamentales de los genes.

Watson, Wilkins y Crick obtuvieron juntos por ello el

Premio Nobel de Medicina y Fisiología en 1962. El papel de Rosalind Franklin en este descubrimiento revolucionario está ahora mismo casi olvidado. Y esto, no sólo porque la bioquímica inglesa hubiera muerto trágicamente cuatro años antes, a la edad de treinta y siete años y el Comité del Nobel en Estocolmo no se ocupe de dar condecoraciones póstumas. Aun cuando Rosalind Franklin hubiera vivido hasta 1962, hubiera sido cuestionable si la habrían dejado participar en el Premio Nobel para Watson, Crick y Wilkins. En contra de esto hablan no sólo los estatutos de la Fundación Nobel, que permiten la división de un Premio Nobel a lo sumo en tres partes. También el sistemático asesinato moral de la obra de investigación de Rosalind Franklin, a que fue sometida en su propia rama, nos hace suponer que hubiera tenido una repercusión desfavorable. El cómo era juzgada Rosalind Franklin por sus colegas lo revela el célebre libro *La doble hélice* de Watson. Según éste, la joven investigadora no era más que una sabionda y respondona cenicienta en el laboratorio de Maurice Wilkins. La biografía de la americana Anne Sayre[1] ha intentado revisar un poco la imagen chauvinista de Rosalyn Franklin en los últimos años.

También en 1974 estuvo una científica no totalmente al margen de la materialización de un Premio Nobel: sin el trabajo ímprobo de la joven radioastrónoma británica *Jocelyn Bell Burnell* de Cambridge, quien a finales de los años sesenta descubrió los primeros cuatro púlsares y después otros tres más de estos cuerpos celestes, su director de tesis, Anthony Hewish, no hubiera podido ser agraciado con el Premio Nobel de Física de aquel año «por su decisivo papel en el descubrimiento de los púlsares». Jocelyn Burnell reconoce que Hewish tuvo la

---

[1] Anne Sayre: «Rosalyn Franklin y DNA», Nueva York, 1975.

idea y consiguió el dinero para un radiotelescopio especial que, sólo, podía localizar fuentes de ondas de radio intermitentes y rápidamente cambiantes, del tipo de los púlsares. Sin embargo no oculta que ella misma, cómo doctoranda investigadora, hizo realmente el trabajo con ese telescopio: analizó diariamente treinta metros de datos impresos, hasta que en algún momento se encontró con los notables nuevos cuerpos celestes. En septiembre de 1978 la señora Bell abandonó Cambridge, su premio: ¡el recién conseguido birrete de Doctor!

También la serbia *Mileva Marić* [2], la primera mujer de Albert Einstein, con la que él vivió y estudió en Zürich, se ha sacado a colación como Premio Nobel obstaculizada. Feministas, como su compatriota la yugoslava Desanka Trbuhovic-Gjurić, le atribuyen una influencia determinante en los trabajos de Física Teórica de Einstein, a los cuales éste tiene que agradecer el Premio Nobel de Física de 1921.

Aun cuando un Premio Nobel de Física en el caso de la estudiante de Física Mileva Marić, que fue suspendida dos veces en su examen de licenciatura, pueda parecer absurdo es seguro que la participación de algunas mujeres en un Premio Nobel ha sido escatimada a favor de sus jefes o sus colegas de trabajo masculinos. Con todo, si se comparan las científicas que participaron en un Premio Nobel, fueron, al menos en la mitad de los casos, mujeres con un marido igualmente exitoso en el mismo campo. Como ejemplo de la más estrecha colaboración, valgan los trabajos de los matrimonios Marie y Pierre Curie en radiactividad, que condujeron al Premio Nobel de Física de 1903. También los hallazgos de Irène y

---

[2] Desanka Trbuhović-Gjurić: *Im Schatten Albert Einstein. Das Tragische Leben der Mileva Einstein-Marić*. (A la sombra de Albert Einstein. La trágica vida de Mileva Einstein-Marić). Berna y Stuttgart 1983; existe una cuarta edición de 1988.

Frédéric Joliot-Curie de la síntesis de nuevos elementos
radiactivos, premiado con el Premio Nobel de Química
de 1935, fueron la obra de una pareja unida tanto en el
laboratorio como en privado, e igualmente las investigaciones de Gerty Theresa y Carl Ferdinand Cori sobre el
catabolismo del glucógeno, que condujeron al premio
Nobel de Medicina en 1947. Los trabajos de Rosalyn
Yalow y de su pareja Solomon Berson, muerto antes de
la entrega del premio, sobre métodos de radioinmunolo-
gía, que le proporcionaron a ella el Premio Nobel de
Medicina en 1977, se basaban igualmente al menos en la
colaboración científica de largos años y también los
hallazgos de Rita Levi-Montalcini y Stanley Cohen, que
llevaron al Premio Nobel de Medicina de 1986, y no
menos los descubrimientos de Gertrude Elion y George
Hitchings, que condujeron al Premio Nobel de Medicina
de 1988.

Tampoco en este caso, si es que en alguno, se muestran las mujeres investigadoras descontentas de ser ele-
vadas al pedestal de la fama de Estocolmo al lado de su
marido o al menos al lado de un antiguo compañero
científico. También a Marie Curie le ocurrió esto, aunque
ella recibió su segundo Premio Nobel en 1911, mucho
después de la muerte de su marido, para ella sola y además
en otra disciplina. Tampoco Barbara McClintock ni Dorothy Hodgkin-Crowfoot llegaron a dichos honores con
un marido o científico activos en el mismo campo ni
tuvieron que compartir su premio con otros colegas.

Sin embargo, concluir por ello un partidismo extremo
de los científicos en general y de los comités del Premio
Nobel en particular, es ciertamente precipitado. Probablemente tenga que ver que, tanto antes como ahora,
sólo hay pocas mujeres en estos sectores que satisfagan
los requisitos para poder adelantarse hasta los más altos
puestos de la ciencia.

Para explicar el bajo número de mujeres en Ciencia y Técnica, los sociólogos han usado numerosas justificaciones. Un argumento que está de moda actualmente es el comportamiento supuestamente falto de agresividad de las mujeres, su carencia de instinto «asesino», que les aconseja quedarse en la retaguardia en las tareas masculinas de ciencias.

En ello puede haber algo de cierto: por ejemplo, en los últimos años los Premios Nobel de Ciencias ha sido divididos en forma creciente entre dos o tres científicos. La creciente entrega de Premios Nobel a descubrimientos colectivos, pero con la limitación simultánea del número de agraciados a un máximo de tres personas, fuerza a la individualización de las obras colectivas. Depende entonces más de la capacidad de sobresalir del individuo por encima del grupo. En dichos casos, la mayoría de las veces, las mujeres no saben imponerse, por ello rara vez obtienen un trozo del pastel del Premio Nobel.

Diez Premios Nobel para nueve mujeres

Así ha habido diez Premios Nobel para nueve mujeres en la historia de las ciencias; para ser más exactos: tres completos, tres medios y cuatro cuartos premios en los campos de la Física, Química y Medicina, y esto en el transcurso de casi noventa años, en los que en total cerca de 400 científicos fueron agraciados en Estocolmo con el Premio Nobel —el porcentaje de algo más del 2 por 100 de mujeres que fueron consideradas merecedoras del Nobel, produce una muy pobre impresión.

Las características aparentes de estos diez Premios Nobel femeninos se esbozan rápidamente: el mayor número, con un total de cinco sobre diez premios, lo tiene el Premio Nobel de Medicina (1947, 1977, 1983, 1986, 1988), que fue exclusivamente a científicas que los Estados Unidos reclama como suyas. Integra por ello los últimos cuatro premios sin interrupción y se ha convertido, por así decirlo, en un abono permanente especial para americanas. A ese número le siguen tres concesiones del Premio Nobel de Química (1911, 1935 y 1964), que en el espacio de veinticuatro años fue a parar dos veces a las señoras Curie. El Premio Nobel de Física fue dado dos veces a mujeres (1903 y 1963).

Las separaciones temporales entre los Premios Nobel de mujeres son extremadamente variados: a veces pasaron veinticuatro años hasta el siguiente premio, como entre Marie Curie e Irène Joliot-Curie, a veces sólo un año, como entre Maria Göppert-Mayer y Dorothy Hodgkin-Crowfoot. Aquí las reglas estadísticas no pueden establecerse. De todas formas, parece como si la frecuencia de los Premios Nobel femeninos hubiera aumentado ligeramente en los últimos años. Los primeros cuatro Premios Nobel llegaron en el transcurso de 44 años a las ganadoras (1903-1947), por el contrario los seis siguientes se distribuyeron en veinticinco años (1963-1988).

Las ganadoras tenían en promedio, a la recepción del premio, una media de 56 años y con ello seis años menos que sus colegas masculinos. Marie Curie acababa de celebrar su 36 cumpleaños poco antes de su primer premio y ha permanecido con ello, hasta hoy, como la ganadora más joven. Aunque su hija Irène contaba también sólo 38 años de edad cuando recibió su Premio Nobel de Química en 1935. Barbara McClintock tuvo que cumplir 81 años, antes de obtener su Premio Nobel de Medicina, alrededor de 30 años después de su descubrimiento revolucionario de los *jumping genes* (genes móviles).

En la cuestión de las nacionalidades parece pasar lo mismo con los ganadores femeninos que con los masculinos: La mayoría, concretamente seis, son americanas o al menos nacionalizadas como tales y realizaron sus labores investigadoras merecedoras de premio en los Estados Unidos (1947, 1963, 1977, 1983, 1986 y 1988).

Francia está también fuertemente representada con los premios de las señoras Curie (1903, 1911 y 1935). Gran Bretaña tiene hasta ahora una única Premio Nobel mujer.

En lo que respecta a la situación familiar, las ganadoras de Premio Nobel parecen refutar la tesis de que sólo la renuncia a marido e hijos permite una carrera ambiciosa en ciencia. Sólo tres de las Premios Nobel, Barbara McClintock, Rita-Levi Montalcini y Gertrude Elion permanecieron solteras. Las otras seis tenían maridos, además colegas de trabajo o, si no, al menos profesores de Universidad de otras ramas. Todas estas Premios Nobel tuvieron hijos —Dorothy Hodgkin, tres; Marie Curie, Irène Joliot-Curie, Maria Göppert-Mayer y Rosalyn Yalow, dos cada una, y Gertry Cori, uno.

Un tercio de las Premios Nobel estaba casada con un Premio Nobel: Marie Curie, Irène Joliot-Curie y Gerty Cori compartieron un premio juntamente con sus maridos. También la física Maria Göppert-Mayer trabajó parcialmente con su marido, pero obtuvo su Premio Nobel por un descubrimiento que no había realizado juntamente con Joseph Mayer.

Tres veces hubo premios completos, no compartidos, para mujeres: dos Premios Nobel de Química, el de 1911 para Marie Curie y el de 1964 para Dorothy Hodgkin-Crowfoot, y el Premio Nobel de Medicina de 1983 para Barbara McClintock. Sin embargo parece que la regla general en los Premios Nobel femeninos es también que se compartan. Por ejemplo, se dividieron en dos los Premios Nobel de Química de 1935 de Irène Joliot-Curie, el Premio Nobel de Medicina de 1977 de Rosalyn Yalow y el mismo premio de 1986 de Rita Levi-Montalcini. Hay también particiones más pequeñas: ciertamente los estatutos de la Fundación Nobel permiten, a lo sumo, que un premio se conceda a tres científicos conjuntamente. Son posibles también cuartos de premios, por ejemplo, cuando dos trabajos, independientes el uno del otro, son premiados en el mismo campo y para una de las mitades se consideran dos científicos con los mismos derechos. Así sucedió para el primero de todos los Premios Nobel femeninos en 1903 con Marie Curie, cuyo marido obtuvo el otro cuarto de la mitad de su premio conjunto de Física; igualmente en 1947 con Gerty Cori, cuyo marido recibió el otro cuarto de la mitad común de su premio de Medicina; en 1963 con Maria Göppert-Mayer que compartió con Hans D. Jensen la mitad del premio de Física; y finalmente también con Gertrude Elion en 1988 que recibió un cuarto del Premio Nobel de Medicina, al igual que George Hitchings.

Cinco de las Premios Nobel viven todavía, la mayoría aún en plena actividad: la octogenaria Dorothy Hodgkin-Crowfoot, Premio Nobel de Medicina en 1964 (nacida en 1910), Rosalyn Yalow de 69 años de edad, Premio Nobel de Medicina en 1977 (nacida en 1921), Barbara McClintock, Premio Nobel de 1983 (nacida en 1902), Rita-Levi Montalcini de 81 años, Premio Nobel de Medicina de 1986 (nacida en 1909) y Gertrude Elion de 72 años, Premio Nobel de Medicina de 1988 (nacida en 1918)*. Las otras premiadas con el Nobel hace tiempo que murieron —Marie Curie hace más de medio siglo, en 1934. Su hija Irène murió, al igual que Gerty Cori en la mitad de los años cincuenta (1956 y 1957, respectivamente), Maria Göppert-Mayer en 1972. Marie e Irène Curie fueron víctimas de su trabajo de investigadoras y murieron, como consecuencia de su relativamente poco protegida manipulación de material radiactivo, de ane-

---

* Las edades son las correspondientes a 1990, fecha de publicación del original en alemán. *(N. del T.)*

mia perniciosa. Irène Juliot-Curie llegó sólo a los 58, su madre, Gerty Cori y Maria Göppert-Mayer murieron con unos sesenta años.

Marie Curie

*Premio Nobel de Física 1903
y Premio Nobel de Química 1911*

«Hemos recibido la mitad del Premio Nobel», escribió Marie Curie en diciembre de 1903 a su hermano Josef Sklodowski en Polonia. «No sé seguro a cuánto asciende, creo que deben ser aproximadamente 70.000 francos. Eso es mucho dinero para nosotros... Estamos inundados de cartas y visitas, de fotógrafos y periodistas. Una querría esconderse debajo de la tierra, para tener tranquilidad»[1].

El Premio Nobel de Física de 1903, que la Academia Sueca de Ciencias concedió mitad al francés Henri Becquerel y mitad al matrimonio Pierre y Marie Curie «por el descubrimiento y el trabajo pionero en el campo de la radiactividad espontánea y los fenómenos de radiación», no fue pues para Marie Curie un placer absoluto y motivo sólo de alegría, como muestra su vehemente

---

[1] Véase la biografía de su hija Eve Curie: *Madame Curie,* Frankfurt, 1952, pp. 169 y ss.

queja sobre el molesto ataque a su vida privada e investigadora. Parece como si la francesa no hubiera valorado especialmente el significado inmaterial de este honor y el reconocimiento mundial asociado a ello. Los festejos de la entrega del Premio Nobel de 10 de diciembre de 1903 tuvieron lugar sin Marie y Pierre Curie. La pareja no quiso emprender, por motivos de salud, el largo y cansado viaje de París a Estocolmo, y renunció a la participación. Su premio lo tomó el delegado francés, y el cheque de los 70.000 francos les llegó cuatro semanas más tarde, por correo. La conferencia pendiente del Nobel la pronunció Pierre Curie en su propio nombre y en el de su esposa alrededor de un año y medio después, ante la Academia de Ciencias de Estocolmo.

En el segundo premio de Marie Curie, el de Química, que obtuvo en el año 1911, completo e indiviso, por «el descubrimiento de los elementos radio y polonio, la caracterización del radio y su aislamiento en estado metálico y la investigación sobre la naturaleza y los enlaces químicos de este elemento», todo sucedió de otra forma: esta vez viajó puntualmente la premiada —que entretanto había enviudado y se acababa de escapar de un escándalo en la prensa sensacionalista francesa— para la entrega del premio, hacia Estocolmo. Llegó en compañía de su hija mayor Irène, de catorce años de edad por aquel entonces, la cual, veinticuatro años más tarde, habría de estar en el mismo sitio por causa propia. Esta vez la conferencia del Nobel de 11 de diciembre de 1911 la dictó ante la Real Academia la propia Marie Curie —entonces profesora titular en la Sorbona— no sin recordar, sin embargo, los trabajos de su marido en el descubrimiento del radio:

Tengo interés en recordarles a ustedes, antes de centrarme en el tema de mi conferencia, que el radio y el polonio fueron descubiertos por Pierre Curie en colaboración conmigo. También tenemos que

Marie Curie

agradecer a P. Curie las investigaciones básicas en el campo de la radiactividad, que él, en parte solo y en parte con sus alumnos, llevó a cabo. El trabajo químico, que tenía como objetivo aislar el radio en estado de sal pura y clasificarlo como un nuevo elemento, fue llevado a cabo esencialmente por mí, pero está unido inseparablemente al trabajo en común. Creo por tanto exponer la intención de la Academia de Ciencias, cuando supongo que la alta distinción de la que soy partícipe es valedera para este trabajo conjunto y representa así un honor a la memoria de Pierre Curie[2].

Marie Curie puede reclamar ya con sus dos premios Nobel varios superlativos: fue la primera mujer que ganó un Premio Nobel, y esto dos veces y además en el terreno de las ciencias, dominado aún por los hombres. Marie Curie era además en 1903, con sus 36 años de edad, la mujer más joven que jamás haya recibido un Premio Nobel. Casada con un Premio Nobel, fundó una dinastía científica, que se continúa hasta la tercera generación: su hija Irène Joliot-Curie y su yerno Frédéric Joliot fueron premiados asimismo en el año 1935 con un Premio Nobel conjunto, y también dos nietos de Marie Curie tuvieron la ciencia como profesión y se casaron asimismo con científicos.

Marie Curie, como fundadora de la radioquímica, puede reclamar para sí legítimamente que la fuente de descubrimientos internacionales, que brotó de sus primeras investigaciones, cambió la esencia del progreso en la ciencia del siglo XX. Antes del descubrimiento de la radiactividad, se habían considerado los elementos que constituyen la materia como estáticos y, con sus constituyentes más pequeños, los átomos, como inmutables. Con los avances en la comprensión de la esencia de la materia, en buen grado a través del descubrimiento del radio, se mostró la posibilidad de convertir un elemento en otro. A este hallazgo siguió finalmente cuarenta años

---

[2] Eve Curie, ibíd., p. 230.

más tarde la liberación de la energía nuclear a gran
escala. En este sentido, Marie Curie fundó no sólo la
radioquímica, sino que introdujo la investigación nuclear. Al mismo tiempo, dio nuevos impulsos importantes a la técnica, a la economía y a la medicina y estableció
los comienzos de lo que hoy se denomina Edad del
Atómo.

En el plano familiar y social de Marie Curie —una de
las mujeres más famosas del siglo XX— podría intentarse
una aproximación para explicar la formidable fuerza de
voluntad, perseverancia y energía con las que esta joven
mujer se dedicó a las ciencias exactas. No obstante su
intenso interés en la ciencia no se entiende a primera
vista. La ajetreada vida de Marie Curie ha sido ya
narrada frecuentemente [3].

Maria Salome Sklodowska nació el 7 de noviembre de
1867 en una pequeña vivienda de Varsovia. Era la quinta
hija en su familia y, tras el ansiado varón, la cuarta
mujer. Los padres de la pequeña Mania, como pronto
fue llamada esta hija tardía, trabajaban ambos como
profesores: el padre, Wladislaw Sklodowski, enseñaba
Matemáticas y Físicas en un instituto en Varsovia, y
dado que su modesto sueldo no era suficiente, la madre
Bronislava Sklodowska llevaba un pequeño pensionado
de chicas en la misma casa en la que vivía la familia.

Ambos padres cultivaban tenazmente la convivencia
de la familia y los valores morales de sus hijos adolescen-
tes: el padre imponía sin reservas sus ideas heredadas
sobre costumbres, buenos modales y moral. Pero tam-

---

[3] A este respecto y siguientes véase Ulla Fölsing: *Marie Curie.
Wegbereiterin einer neuen Naturwissenschaft* (Marie Curie. Preparadora del
camino de una nueva Ciencia), Munich, 1990; además Peter Ksoll y
Fritz Vögtle: *Marie Curie*, Reinbek bei Hamburgo, 1988; Robert Reid:
Marie Curie; Düsseldorf, Colonia 1980; Olgierd Wolczeck: *Maria
Sklodowska-Curie*, Leipzig, 1971; también Mme. Curie: *Pierre Curie*,
Viena, 1950.

bién divulgaba su interés por las ciencias de forma
natural. La madre quería ante todo de sus hijos el mismo
cumplimiento del deber, sin quejas, que ella había asu-
mido.

Las condiciones de vida políticas y económicas de las
familia Sklodowski eran al nacer Maria todo menos del
color de rosa: a su alrededor, se cernía la atmósfera
opresiva de un estado policial bajo la soberanía rusa, en
la que sólo podía sobrevivir aquel que estaba dispuesto a
adquirir compromisos con el sistema. A esto se añadía la
apretada situación económica del matrimonio, que ciertamente estaba bien considerado socialmente y era repes-
tado, pero sólo podía cubrir con esfuerzo, con sus
dobles ingresos, los gastos de mantenimiento de una
familia de siete miembros. En un período de despiadada
rusificación de los funcionarios polacos de la enseñanza,
el polaco Sklodowski perdió su puesto y su vivienda
oficial, y sólo le quedó así como pedagogo el poco
agradecido papel de tutor. Alquiló una vivienda, en la
que tomaba jóvenes en edad escolar a los que ayudaba en
sus deberes.

Maria, de seis años, como hija más pequeña, sufrió la
que más bajo la presión de estas estrecheces en las
condiciones de vida y vivienda: dormía en el comedor y
debía hacer su cama a las seis de la mañana, para que los
estudiantes de la pensión pudieran desayunar puntualmente.

El mayor problema en la vida de la pequeña Maria era
sin duda el extraño, y para la niña incomprensible,
comportamiento de su madre: en una edad en la que se
tiene hambre de amor, ternura y dedicación, la madre se
volvió cada vez más seca en el trato con sus hijos. Sabía
que estaba enferma de tuberculosis, y por ello evitaba
todo contacto corporal. Al morir en el año 1878, la hija
pequeña Maria tenía diez años; mucho antes de la muerte

de su madre había sido una pequeña niña aislada y abandonada por ésta.

Maria Sklodowska compensó su pesar y su soledad ya desde edad temprana con una aplicación fuera de serie y una gran capacidad de concentración en el aprendizaje. Podía leer con fluidez a los cuatro años, y desde entonces participaba diligentemente en la atmósfera de continuo estudio que la rodeaba en casa —con un profesor de escuela superior como padre, chicos de instituto como hermanos mayores y escolares mediopensionistas como compañeros de juego. El éxito no faltó: Maria no tenía aún dieciséis años cuando terminó una brillante carrera en el instituto condecorada con una medalla de oro como mejor estudiante.

El premio al ininterrumpido esfuerzo intelectual desde la más temprana juventud, fue, sin embargo, la aparición de claros síntomas de perturbación nerviosa en la rolliza adolescente. Maria Sklodowska tuvo que someterse a un descanso forzoso de varios meses con parientes de provincias antes de que pudiera pensar en su posterior formación.

Para ella un estudio universitario en su patria no era posible en aquel tiempo: En los institutos polacos de chicas no se enseñaban lenguas clásicas, y con ello les faltaba a las mujeres la posibilidad y el derecho de competir en la admisión en los institutos del país. Las chicas ambiciosas e inteligentes debían ir al extranjero, si querían estudiar.

Para conseguir el dinero para cursar estudios en el extranjero, Maria Sklodowska se asoció con su hermana mayor Bronia en un negocio familiar poco usual: Maria tomó en 1885 un puesto como institutriz en un lugar cercano a Varsovia, para que Bronia pudiera con su sueldo estudiar Medicina en París, en la Sorbona. Después de su examen Bronia quería de igual forma ayudar a su hermana Maria, para que también ella pudiera estudiar.

Después de una larga espera, llena de privaciones y mortificaciones —ocho años después de haber dejado el instituto y seis años después de haber trabajado como institutriz— pudo ir Maria Sklodowska a París a realizar sus estudios. Entretanto tenía ya casi veinticuatro años de edad. Para ahorrar, viajó en el otoño de 1891 en butaca de un compartimento de cuarta clase a través de Alemania hacia Francia.

En octubre de 1891 se matriculó la joven polaca en la Facultad de Ciencias y Matemáticas de la Sorbona, en París. Asistió a clases de Física, Química y Matemáticas y se familiarizó con la técnica de experimentación científica. El inicio de sus estudios no estuvo falto de problema: su francés estaba cercano al límite de entender las lecciones, y sus conocimientos matemáticos no eran suficientes para poder seguir los cursos de Física. No es sorprendente: muchas nociones elementales de ciencias las había aprendido ella misma de libros adquiridos más o menos casualmente, y su educación polaca no podía compararse con la de sus compañeros de estudios.

Sin embargo, con férrea aplicación y trabajo incansable consiguió Maria, o Marie, como se llamaba ahora, finalizar su semestre. El estudio actuaba en ella como una droga de la que nunca obtenía lo suficiente y le reclamaba todo su tiempo. Entre sus maestros se encontraban gente famosa como el matemático Paul Appell y el más tarde Premio Nobel de Física Gabriel Lippmann, quién doce años más tarde sería el presidente de la Comisión de su examen de doctorado. Antes y después de las lecciones, Marie Sklodowska se sentaba en la biblioteca y por las noches trabajaba en su minúscula buhardilla, la mayoría de las veces sin calefacción, del sexto piso de una gran casa de alquiler en el barrio latino. Rompió casi todos sus contactos personales, porque hubieran podido perjudicar su estudio, y llevó una vida social solitaria, aislada y espartana. Por falta de tiempo y dinero comía tan poco y tan barato como podía y vivía prácticamente sólo de pan con mantequilla y té.

Su enorme dedicación personal y su ardiente ambición valieron la pena: siendo la mejor de su promoción, la estudiante de Ciencias obtuvo en 1893 la licenciatura en Física y ganó poco después la beca Alexandrovitch de Varsovia de 600 rublos, que le permitió continuar sus estudios en París. El mismo día, exactamente un año más tarde, recibía el diploma en Matemáticas, como la segunda mejor de su promoción. Con ello, Maria Sklodowska, entonces de veintiséis años de edad, estaba en posesión de una educación académica que hubiera honrado a cualquier estudiante masculino y que le dejó el camino libre para su propio interés: la investigación básica en Física y Química.

La criatura mofletuda y regordeta que había llegado a París tres años antes se había transformado durante el tiempo de estudios, lleno de privaciones, en una delicada, diáfana y a la vez disciplinada joven mujer. Desde el último año en la universidad había tenido un admirador tan serio como tenaz, el físico francés ocho años mayor que ella, Pierre Curie, que trabajaba en un puesto relativamente modesto como profesor y jefe de laboratorio en la escuela fundada por la ciudad de París de Física y Química industrial, pero que ya se había hecho un nombre como cristalógrafo en el mundo científico en el extranjero.

Pierre Curie cortejó de una forma poco usual a la polaca, casi esquiva y, desde un triste romance en su tiempo de institutriz, extremadamente precavida Marie Sklodowska: no mandaba ramos de flores, sino separatas firmadas de sus publicaciones científicas, y sus temas de

conversación giraban casi exclusivamente en torno a la
ciencia. Obviamente, tuvo éxito con ello: en julio de
1895 —unos quince meses después de su primer encuentro— su prometida fue con él al registro civil. La pareja
renunció a todas las formalidades y ni siquiera se inter-
cambiaron anillos.

El matrimonio de los Curie duraría apenas once años,
hasta que Pierre Curie muriera en 1906 en un accidente
de tráfico en un cruce de calles de París, al ser atropella-
do por la rueda trasera de un pesado coche de dos
caballos en una calle mojada por la lluvia, destrozándole
la cabeza.

En el momento de la boda, Marie Curie no tenía aún
28 años y Pierre Curie tenía 36 años. El propósito de esta
unión era desde un principio compartir no sólo la vida,
sino también el trabajo científico. A pesar de su burguesa procedencia de una familia de médicos alsaciana,
Pierre Curie no era lo que pudiera llamarse un buen
partido. Pero era listo, culto y en su experiencia científica estaba muy por delante de Marie, razón suficiente
para hacer de él una pareja atractiva para ella. Malas
lenguas sostienen aún que Marie consiguió la fama y el
prestigio como consecuencia sólo de las bases de intelecto y experiencia de su marido. Esto no es verdad, aun
cuando Marie Curie al principio de su matrimonio se
beneficiara científicamente de su marido más que él de
ella.

Con su matrimonio, Marie Curie no perdió de vista en
absoluto su carrera científica. Su primera vivienda común fue decorada —como lo fueron todas las restantes— de modo espartano y su verdadera vida tenía lugar
en el laboratorio. En realidad, ella había obtenido el
permiso de investigar sin remuneración al lado de su
marido en la Escuela Técnica Superior de Física y
Química. Su manutención debía cubrirla con el sueldo

de Pierre, que en esos días no era mucho mayor que el de un trabajador parisino.

El primer trabajo de investigación independiente de Marie Curie trataba de un tema del campo de trabajo de su marido, magnetismo en el acero endurecido. Su informe sobre el tema, publicado en 1898, poco después del nacimiento de su hija Irène, es considerado entre los científicos como cuidadoso, excesivamente largo y no especialmente original. Al mismo tiempo se preparaba para el examen de estado en Matemáticas y Física, para poder enseñar como maestra en escuelas estatales. En 1896, después de haber aprobado también este examen, se puso a buscar un tema de tesis.

La casualidad quiso que Marie Curie encontrara el tema apropiado en el momento preciso —el problema de la radiación espontánea del uranio, sobre el que el físico francés Henri Becquerel acababa de publicar un trabajo de investigación, que sin embargo aún no había sido considerado especialmente. De acuerdo con su marido, Marie Curie decidió tomar como tema de su tesis los rayos encontrados por Becquerel y medir las pequeñas cantidades de electricidad que emitían las sales de uranio y que se propagaban en el aire. La decisión del matrimonio Curie sobre los rayos Becquerel, sería la más importante de toda su vida privada y laboral.

En diciembre de 1897, Marie Curie empezó a medir sistemáticamente las ínfimas cantidades de carga eléctrica que el uranio dejaba en el aire, con ayuda de los llamados piezo-electrómetros, que su marido, junto con su hermano, habían desarrollado catorce años antes. Sólo pasaron unas pocas semanas antes de averiguar que cuanto más alto era el contenido de uranio en los minerales examinados más intensa era la radiación, independientemente del tipo de enlace químico, iluminación y temperatura. Marie Curie había descubierto con ello la radiación como propiedad atómica del uranio. Este sencillo hallazgo sería la base para la investigación de la estructura atómica en el siglo XX.

En lo sucesivo, Marie Curie investigó tantas muestras del metal como pudo conseguir y confirmó que sólo el torio poseía propiedades parecidas al uranio y emitía radiación. Ella dio el nombre de «radiactividad» a la nueva propiedad del uranio y del torio, informó de los primeros resultados de su investigación ya en 1898 a la Academia Francesa de las Ciencias y siguió trabajando incansablemente. Entretanto, su marido tomaba también parte en sus experimentos, y los Curie comenzaron a investigar en común la pecblenda, un compuesto de uranio, que emitía rayos muchos más activos que el propio uranio.

Su trabajo en los años siguientes es bien conocido por la mayoría del público y se ha convertido en el punto clave del mito de los Curie: la pareja investigadora comenzó en abril de 1898 con una taza llena de pecblenda —cien gramos— y aisló los elementos activos con la ayuda de técnicas clásicas. En julio de 1898, ya tenían de hecho la sustancia radiactiva. De la sustancia purificada, aislaron dos nuevos elementos con radiactividad mucho más alta que la del uranio. A uno de ellos Marie Curie le dio, no sin sentimentalismo nacional, el nombre de «polonio», en recuerdo de su patria. Al otro, que se reveló como mil veces más activo que el uranio y posteriormente como el más importante e interesante, lo llamó «radio».

Por el momento sólo había disponibles unas trazas diminutas, dado que las concentraciones en la pecblenda ascendían a menos de la millonésima parte. Por ello era de vital importancia aislar en el transcurso de los posteriores trabajos de investigación, cantidades pesables. Sólo cuatro años más tarde logró Marie Curie conseguir una décima de gramo de cloruro de radio puro. Con ello fue posible poner en marcha los experimentos científicos deseados y también muy pronto emplear productos de radio para radioterapia médica.

El camino fue trabajoso: Cantidades pesables de los nuevos elementos, polonio y radio, que permitieran las averiguaciones necesarias sobre su peso atómico y espectro visible, podían conseguirse sólo mediante el tratamiento de enormes cantidades del material de partida. En el transcurso de los años siguientes, los Curie trataron sesenta toneladas de desechos de uranio que el gobierno austríaco puso gratis a su disposición, contra reembolso de los gastos de transporte, de sus minas en el valle de S. Joaquín. Estas manipulaciones de la pecblenda efectuadas en un viejo cobertizo de la Ecole de Physique, ya casi no tenían ningún carácter de trabajo de laboratorio.

Marie Curie se especializó con ello en el papel de química, separando los nuevos elementos, mientras que por el reparto de trabajo que había establecido el matrimonio, a su marido correspondía investigar las propiedades de cada uno de los pasos de la separación. El proceso de separación química era realmente el trabajo duro, la parte más cansada físicamente y, para una mujer, casi inimaginable: debía manejarse con barriles, cubas y jarras y continuamente remover la pecblenda caliente con una barra larga de hierro, para llevar a cabo los estadios de la separación.

Desde de un largo, cansado y monótono trabajo, que requería esfuerzo físico, paciencia y perseverancia inagotables, Marie Curie consiguió en el año 1902, después de cuatro años de trabajo, elaborar dos compuestos cuya radiactividad era mucho mayor que la del óxido de uranio; de los cuales se pudo determinar su peso atómico. Hasta lograr la purificación del cloruro de radio debían pasar aún otros cinco años de trabajo equivalente.

La labor que Marie Curie había llevado a cabo en la concentración de las sales de uranio y, finalmente, en la obtención de las sales de radio puras era nueva, en cuanto por primera vez se trataba con sustancias que, a causa de sus pequeñísimas cantidades, no eran visibles. El éxito de cada operación de análisis químico podía sólo ser confirmada a través del incremento de la radiación, o sea, de medidas electrométricas. Este procedimiento, introducido por Marie Curie en la ciencia, fue durante largo tiempo la forma de trabajo básica en radioquímica.

El 25 de junio de 1903, leyó Marie Curie su tesis en la Sorbona. Su trabajo escrito, de cerca de cien páginas, llevaba el título de «Investigaciones sobre elementos radiactivos por la señora Sklodowska-Curie». Marie Curie fue doctorada con la nota *très honorable*.

Los resultados de las investigaciones, que en principio deberían haberse quedado en una conferencia, empezaron a dar que hablar. Poco después de doctorarse Marie, les fue entregado a los Curie una de las distinciones más altas de la Royal Society londinense, la medalla Davy. En noviembre de 1903, le siguió el Nobel de Física. Era otorgado por tercera vez y en el caso de Marie Curie se recompensaba a un científico que se ajustaba a lo que Alfred Nobel había determinado cuando había adecuado su premio expresamente para jóvenes investigadores que lucharan por su reconocimiento, por un descubrimiento importante hecho el año anterior. Para los Curie, el premio entregado conjuntamente no fue el fin, sino el principio de todo. Su situación laboral en la época del Nobel de 1903, era aún muy modesta, y su carrera se encontraba en los comienzos. Incluso siendo ganadores del Nobel, Pierre y Marie Curie no consiguieron inmediatamente, debido a su bajo rango académico en la

Universidad, ni laboratorios propios ni apoyo financie-
ro. Parte del dinero concedido con el Premio Nobel lo
utilizaron para emplear un asistente en el laboratorio y
conseguir algunos instrumentos imprescindibles para su
trabajo. Para ganarse el sustento y poder continuar sus
investigaciones en libertad, tuvieron que seguir ejercien-
do como profesores: Pierre Curie daba cursos de Física,
Química e Historia Natural en la Sorbona, mientras
Marie Curie trabajaba como maestra a tiempo parcial en
Física en un instituto femenino de las cercanías de París.

Finalmente, en noviembre de 1904, Pierre Curie recibió una cátedra de Física en la Universidad de París, con
un laboratorio con tres ayudantes, de entre los cuales su
esposa Marie Curie debía ser el jefe de laboratorio. Era
la primera vez en que las inversiones de años en trabajo
científico de Marie Curie se materializaban en un sueldo
mensual.

La carrera científica destacable individualmente de
Marie Curie empezó tras el accidente mortal de su
marido, en abril de 1906. En lugar de conformarse con
la generosa pensión estatal ofrecida, la viuda de treinta y
ocho años, madre de dos hijas —Irène de ocho años de
edad y Eva de dos— se propuso hacerse cargo como
sucesora de la cátedra de Pierre Curie en la Sorbona.

Ya el 13 de mayo de 1906 recibió Marie Curie un
puesto extraordinario como profesora no titular de la
cátedra en la Sorbona; era la primera mujer que obtenía
una cátedra auxiliar de este tipo. Dos años más tarde, fue
nombrada profesora titular y a partir de entonces dividió
su vida entre la Sorbona y su laboratorio. En 1910
publicó un tomo de mil páginas «Traité de radiactivité»
(Tratado de radiactividad).

Siguió investigando incansablemente y, en agosto de
1911, pudo mostrar en Bruselas a una comisión internacional, un compuesto de apenas 22 miligramos de cloru-

ro de radio puro, que expuso como «radiopatrón internacional». Desde entonces un «Curie» corresponde a la actividad de un gramo de radio natural puro por segundo. Justo en el momento en el que Marie Curie tomaba parte en el primero de los famosos congresos Solvay en Bruselas, recibió su segundo Premio Nobel, esta vez en Química e indiviso, con la argumentación de que «el descubrimiento del radio no había sido aún motivo de una distinción».

Los críticos opinan, sin embargo, que el valor del descubrimiento del radio ya había sido honrado con el Premio Nobel de 1903 y que sólo se quería dar apoyo a Marie Curie con este nuevo galardón de la Academia Sueca: en el año 1911, la investigadora se encontró en el círculo de colegas extranjeros con una ola de solidaridad y compasión, al conocerse la humillación de su despedida por la Academia francesa de las Ciencias y a la vez que los no del todo infundados rumores sobre una aventura sentimental con el físico Paul Langevin, cinco años más joven que ella y casado, conducían a una campaña salvaje en la prensa amarilla.

La vida de investigadora bien situada de Marie Curie, duró aún veinticuatro años más después del segundo Premio Nobel. Continuó elaborando en el transcurso de los años los resultados de las investigaciones conseguidas en el trabajo en común con su marido, cada vez con un número mayor de colaboradores, y el personal de su laboratorio sustituía más y más a su propia familia. Sólo en el período de 1919 a 1934 publicó Marie Curie 31 trabajos científicos propios. En total se publicaron en esos años 483 trabajos de su instituto. La mayoría de los temas los sugería ella misma y supervisaba también su realización. Las consecuencias fueron un amplio reconocimiento internacional y numerosos honores, condecoraciones y doctorados honoris causa en Europa y ultramar.

También la opinión pública francesa olvidó rápidamente su resentimiento, al mostrarse Marie Curie en la primera guerra mundial como patriota destacada de su patria adoptiva: no sólo donó el resto del dinero proveniente de ambos Premios Nobel, que fue gastado rápidamente, sino que también organizó un servicio público de rayos X móvil para ambulancias francesas, que en el transcurso de la guerra benefició a un millón de soldados heridos. Marie Curie instruyó personal para rayos X y fue ella misma al frente con el equipo, lo que le ganó una reconocida popularidad entre la población.

Cuando acabó la Primera Guerra Mundial, Marie Curie dispuso de un moderno y resplandeciente laboratorio: el Instituto del Radio parisino, que la Sorbona y el Instituto Pasteur habían financiado conjuntamente y que ya estaba acabado en 1914. Pero ahora, al final de la guerra, faltaban los medios materiales para la investigación. Con ayuda de dos campañas de propaganda sin igual en los Estados Unidos, Marie Curie se procuró dos gramos de radio por valor de 200.000 dólares, que aseguraron no sólo su trabajo científico en París, sino también en el nuevo Instituto del radio de Varsovia, dedicado a ella.

La última década de trabajo creador iba minando penosamente la salud de Marie Curie, que debió pasar por cuatro operaciones de ojos, hasta que su vista se estabilizó; además padecía de reúma, dolores musculares, continuos enfriamientos, cansancio y zumbidos en los oídos. Sus enfermedades eran supuestamente consecuencia de la respiración de polvo radiactivo durante años, contra el que ella no se había protegido jamás suficientemente en su laboratorio. Al ir envejeciendo creció su propensión a enfermar, pero ella no dejó que esto le afectara, sino que permaneció, como en toda su vida anterior, luchando a costa de sí misma.

En esos años, cuando Marie Curie era más altamente considerada, destacada e influyente, su forma de vida seguía siendo modesta, ascética como en los principios de su juventud y de extrema escasez monetaria. Sin embargo descubrió un nuevo placer para ella: viajó en parte oficialmente, en parte no oficialmente, en misiones científicas a lo largo de medio mundo. Ya antes de que en 1932, transfiriera a su hija Irène la dirección de su laboratorio, se dedicó también a intereses políticos, y trabajó, entre otras cosas, en la Comisión Internacional para Colaboración Intelectual en la Sociedad Naciones, a la que también pertenecía Albert Einstein, al que le unía una amistad de largos años.

Marie Curie murió con apenas sesenta y siete años, el 4 de julio de 1934, durante una estancia en un sanatorio de Sancellemoz en la Saboya suiza. Los médicos dieron como causa de la muerte anemia perniciosa y explicaron que su médula ósea había sido dañada por la radiación radiactiva y no había podido formar nuevos glóbulos rojos. Madame Curie hubiera podido quizá vivir mucho más si no hubiera descubierto el radio y no hubiera trabajado largo tiempo en condiciones primitivas.

Veinticuatro años después del segundo Premio Nobel de Marie Curie, una mujer se encontró entre los ganadores científicos: la hija de Marie Curie, Irène Joliot-Curie, recibió en 1935, junto con su marido Frédéric Joliot, el Premio Nobel de Química «en reconocimiento a la síntesis de nuevos elementos radiactivos», un descubrimiento que tuvo amplias consecuencias en química y medicina. El premio, que también había sido concedido a Marie Curie en 1911, quedó por así decirlo, en familia. Sin embargo Marie Curie no pudo vivir el triunfo de su hija y su yerno.

Si alguna vez una científica parecía predestinada a la llamada de Estocolmo, ésa era Irène Joliot-Curie: como hija del Premio Nobel Pierre Curie y de la doble Premio Nobel Marie Curie-Sklodowska, Irène Joliot-Curie no sólo conoció desde temprana juventud su futuro campo de trabajo en radioquímica, sino que también recibió muy joven una educación científica fundamentada, que le proporcionó una gran ventaja entre sus contemporáneos. Evidentemente, los padres le habían legado las cualificaciones y la capacidad de resistencia, de modo que Irène Curie tuvo éxito enseguida en la ciencia y la madre pudo transferirle formalmente —tres años antes del Premio Nobel— la dirección del «negocio familiar», del Instituto del Radio de París. En el momento del homenaje de Estocolmo, Irène Joliot-Curie era, con sus treinta y ocho años, relativamente joven —sólo dos años mayor que su madre en la entrega del premio de 1903— y ha continuado siendo hasta hoy en día la segunda ganadora del Nobel más joven.

Irène Joliot-Curie nació el 12 de septiembre de 1897, siendo la primogénita de los Curie. Precisamente en aquel entonces, su madre estaba ocupada en concluir su primer trabajo de investigación autónomo, en el que había trabajado durante dos años en el laboratorio de su marido. Al lado de la camita del bebé, preparaba su informe sobre el magnetismo del acero endurecido para su publicación.

Marie Curie tuvo la suerte, como joven madre, de poder continuar su carrera científica sin tener que recurrir a una niñera: su suegro Eugène Curie, cuya esposa había muerto pocos días antes del nacimiento de la nieta, se trasladó con la joven familia y cuidó de la pequeña en el lugar de la frecuentemente ausente madre hasta que él mismo murió, en el año 1910. Irène fue el centro de su vida de viudo, pasaba todo el tiempo con ella y se convirtió en su guarda personal. Eugène Curie influyó decisivamente en la personalidad de Irène, sobre todo, después de que en 1906 perdiera a su padre en accidente de tráfico. Nadie reflejó mejor la relación de confianza entre abuelo y nieta que la hermana pequeña de Irène, en su biografía, *Marie Curie:*

Irène Joliot-Curie

El es el compañero de juegos, el maestro, mucho más que la madre, que está continuamente en el laboratorio, del cual los niños oyen hablar sin interrupción. Eva es aún muy pequeña como para intimar realmente con él, a pesar de lo cual es el amigo incomparable de la mayor, esa niña tímida, cuyo ser él siente tan parecido al de su desaparecido hijo. A él no le basta con introducir a Irène en la historia natural y en la botánica, con compartir con ella su afición a Víctor Hugo, con escribirle durante las vacaciones atractivas cartas, de lo más divertidas y llenas de ingenio; él es quien influencia la vida intelectual de ella en forma decisiva. El equilibrio espiritual de la actual Irène Joliot-Curie, su aversión a resignarse al pesar y al dolor, el sentido asociado a las realidades de la vida, su propio anticlericarismo y sus simpatías políticas las tomó directamente de su abuelo[1].

Realmente, el médico Eugène Curie era un librepensador convencido, que dejó encontrar a su nieta el ateísmo y más tarde el anticlericalismo. A él debió también Irène Joliot-Curie su unión a un socialismo liberal, al que permaneció fiel toda su vida. Cuando tenía doce años de edad, el viejo doctor había ya implantado en la joven sus ideales democráticos y sociales. Fueron los ideales políticos los que le habían movido a participar en la revolución de 1848 y a los que tenía que agradecer una bala en la mandíbula. Y fueron ideales sociales los que le motivaron en 1871, tras las barricadas del municipio de París, a organizar un hospital[2].

Después de la muerte de Eugène Curie diversas niñeras e institutrices tomaron la responsabilidad y el cuidado de la vida cotidiana de Irène, de 12 años de edad, y de su hermana pequeña, siete años más joven, Eva. Marie Curie, que se quedaba ahora sin ayuda familiar de ninguna clase, debía mantener su ritmo de trabajo entre la

---

[1] Véase Eve Curie: *Madame Curie*, Frankfurt, 1952, p. 219.

[2] A este respecto y siguientes véase también Francis Perrin: «Irène Joliot-Curie», en: *Dictionary of Scientific Biography* (Diccionario de biografía científica), vol. 7, Nueva York, 1981, pp. 157-159; también Robert Reid: *Marie Curie,* Düsseldorf, Colonia, 1974, pp. 134 y ss.

investigación, sus ocupaciones como profesora y los deberes familiares, ahora con ayuda externa. A pesar de toda la carga laboral le importaba sobre todo la formación escolar de su hija, y empleaba mucho tiempo en ello.

Al terminar su primogénita la escuela primaria y debiendo entrar en un instituto, Marie Curie se esforzó en formarla según sus propias ideas. Juntamente con colegas de la universidad, que tenían hijos e hijas de la misma edad, se formó por sugerencia suya una especie de comunidad de enseñanza para diez años, en la que importantes profesores se turnaban en la labor de enseñar a sus propios hijos, los principios modernos correspondientes. Marie Curie enseñaba Física, Paul Langevin Matemáticas, Jean Perrin Química. Los huecos literarios los cubrían Mme. Perrin y Mme. Chavanne.

De esta forma los niños aprendieron durante dos años las diferentes materias, sobre todo de ciencias, en un nivel universitario. Después, por motivos de exceso de trabajo de sus padres, tuvieron que ir otra vez a escuelas normales.

De todas formas Irène Curie alcanzó, no sólo por estas lecciones extraordinarias, aunque sólo temporales, una base científica y motivación de trabajo de primer rango. Finalmente fue al Collège Sévigné, donde se graduó poco antes de estallar la Primera Guerra Mundial.

Irène Curie se muestra en su niñez como una niña extraña: de ojos verdes, con pelo corto, de movimientos torpes y tosca en el trato. Obviamente, había heredado no sólo las cualificaciones de sus padres, sino también su timidez: «El ser introvertido de su padre era también visible en su carácter, pero añadiéndose las esquinas y cantos de su falta de sensibilidad. La postura de otros no la tomaba en serio o la ignoraba. Continuamente tenía dificultades en saludar a extraños o en hablar con ellos» [3].

Claramente Irène tenía una naturaleza totalmente diferente a la de su hermana menor Eva, que era guapa, graciosa y cariñosa y que más tarde sería primero pianista y luego periodista. No del todo debido a que Irène se pareciera tanto a su padre, surgió ya muy pronto entre ella y su madre una relación intelectual profunda, e Irène se convirtió ya en edad temprana, poco después de la muerte de Pierre Curie, en la interlocutora más importante de su solitaria viuda. Si se quieren creer las palabras de la hermana pequeña Eva, la mayor tenía ya muy pronto el talento de acaparar metódicamente a la madre:

Es una auténtica pequeña déspota. Celosamente acapara a su madre y deja sólo de mala gana que se ocupe de la «pequeña». Durante el invierno Marie atraviesa París de arriba abajo para conseguir manzanas reinetas o plátanos, que Irène condescendientemente, se digna comer [4].

Después del bachiller Irène siguió fielmente los pasos de su madre. En el período de tiempo entre 1914 y 1920 estudió en la Sorbona, como una vez hizo su madre, Física y Matemáticas y se licenció en ambos campos. A la vez terminó una formación sanitaria y trabajó durante la guerra muchos meses como enfermera en el ejército francés, donde su madre ayudaba con los rayos X a los soldados heridos.

La muchacha de diecisiete años mostraba ya la misma resistencia física y psíquica que su madre. No sólo debía ver muy de cerca personas enfermas, mutiladas y en parte con sufrimientos horribles, sino también aprender a sostenerse en el negocio médico de la higiene pública

[3] Véase Reid, ibíd., p. 136.
[4] Véase Eve Curie, ibíd., p. 187.

militar. En las ambulancias tuvo Irène oportunidad por primera vez de ver de cerca cómo trataba su madre a los hombres.

Del ejemplo de su madre aprendió bajo qué circunstancias podía una mujer hacer frente a un hombre de igual a igual. No pasó mucho tiempo y ella aplicó con éxito lo que había aprendido: «Pronto tuvo suficiente experiencia no sólo para corregir a los médicos militares, que podrían haber sido sus abuelos, sino también para pelearse con ellos. En una ambulancia tomó asiento e impartió una corta lección de geometría a un médico belga, que no entendía los principios según los cuales se localizaban los proyectiles en el cuerpo mediante radiografías» [5].

Cuando Irène cumplió dieciocho años, estaba ya en situación de dirigir autónomamente y con responsabilidad propia, el servicio de rayos X iniciado por Marie Curie en un hospital anglo-canadiense en Flandes, a pocos kilómetros del frente [6]. Más tarde ayudó a su madre en la formación de personal para rayos X para el creciente número de instalaciones ambulantes de éstos. Entre Irène y su madre se desarrolló en los días de trabajo conjunto en ambulancias y hospitales una íntima amistad: cuando su madre conducía sola al frente o ella misma se quedaba allí, ambas mujeres intercambiaban cartas infatigablemente.

La unión entre madre e hija crecería después de la guerra debido a sus intereses comunes y a su camaradería científica y, sobre todo, llenaría un gran hueco en la vida de Marie Curie. La propia Irène creció más y más en el papel de su padre. Entre sus costumbres con respecto a su madre estaba la de levantarse temprano,

---

5 Véase Reid, ibíd., pp. 204 y ss.
6 Véase Perrin, ibíd., p. 158.

hacer el desayuno y llevarlo en bandeja al dormitorio de Marie Curie, donde entonces podía hablar tranquilamente sobre el trabajo en el laboratorio, que era una pansión para ambas [7].

Desde 1918, Irène era formalmente ayudante en el Instituto del Radio, al frente del cual estuvo su madre como directora, y en 1921 empezó con su propia investigación. Su primer estudio importante trataba de las oscilaciones en el alcance de la radiación alfa del polonio. Confirmó las diferencias, fotografiando las trazas que los rayos formaban en una cámara de niebla de Wilson. Los resultados de este trabajo fueron objeto de su examen de doctorado, en marzo de 1925. Con veintiocho años de edad, dedicó la ponencia a su madre en la portada de su tesis decía: «A Marie Curie de su hija y alumna».

En el laboratorio, Irène Curie se ocupaba no sólo de la investigación, sino también de la enseñanza. Debió de actuar sobre los estudiantes de la misma forma enigmática que una vez lo hiciera su madre, sin que, como en su tiempo sucedió con la joven Marie Curie, un aspecto femenino y frágil pudiera suavizar esa impresión. También al término de sus veinte años era seca en el trato.

Irène no trató nunca de ocultar su terquedad o de disimular su proceder, cuando le parecía que sin compañía estaba perfectamente. En el transcurso de los años no le fue más fácil el dejarse introducir en una conversación ocasional, y muchos visitantes del laboratorio se sintieron tanto rechazados por el manifiesto brusco comportamiento de la chica, como ofendidos por la notoria frialdad de la madre. Sucedió que Irène, en la mitad de la conversación con un extraño, se agachó y de la bolsa escondida en la parte interior de su falda sacó un enorme pañuelo de nariz para sonarse ruidosamente e interrumpir así al perplejo visitante, en mitad de su conversación [8].

---

[7] Véase Reid, ibíd., p. 250.
[8] Véase Reid, ibíd., p. 245.

Ya pronto despertó Irène Curie el interés de la opinión pública. A la pregunta de una periodista, de si la carrera que había elegido no era un poco fatigosa para una mujer, contestó ella en marzo de 1925 conscientemente: «De ningún modo. Creo que la capacidad científica de un hombre y una mujer son completamente iguales». Sin embargo «una mujer debiera renunciar a sus deberes femeninos». De todas formas Irène Curie consideraba los compromisos familiares como «posibles, bajo la condición de que fueran aceptados como una carga complementaria... Por mi parte creo que la ciencia será el interés principal en mi vida» [9].

Sólo un año después Irène Curie comunicó a su madre, una mañana durante el desayuno sin hacer ni un sólo gesto, que había decidido casarse. Para asombro de su entorno, su elegido era el físico Frédéric Joliot, el propio ayudante de Marie Curie en el laboratorio, a quien Paul Langevin había recomendado. Joliot era un hombre con talento, extraordinariamente bien parecido y casi tres años más joven que Irène Curie. Ya en otoño de 1926 estaban los dos casados, y muchos observadores presagiaron que la unión entre dos temperamentos tan distintos no duraría mucho.

La joven pareja vivía cerca de Mme. Curie, y la nueva situación parecía estar irremediablemente unida a conflictos para los implicados, tal y como la hermana de Irène Eve deja entrever entre las líneas de su biografía de la madre:

¡La vida en casa estaba patas arriba! Un hombre joven surgió en el cuartel de las mujeres que, con excepción de algunos pocos amigos de confianza, no veía jamás una visita... Marie sentía alegría por la visible felicidad de su hija, aunque le confundía el no poder compartir cada

---

[9] Véase *Le Quotidien,* París, 30. 3. 1925.

hora del día con su compañera de trabajo, y escondía mal su secreto trastorno [10].

A pesar de todos los malos presagios, la unión entre Irène Curie y Frédéric Joliot era buena. Fue aceptado como miembro de la familia Curie e incluso unió su apellido al suyo. Algunos observadores tenían no obstante la impresión de que Marie Curie opinaba que con ello él alejaba un poco la intimidad [11].

Frédéric Joliot era en muchos aspectos exactamente lo contrario que su mujer, pero sus rasgos característicos se complementaban claramente, tanto en privado como científicamente. Su matrimonio se desarrolló, exactamente como el de los padres de Irène, hacia una sociedad investigadora: en el año 1931 comenzaron su constante colaboración sobre los fenómenos de transformación atómica, que finalmente les proporcionó a ambos en 1935 el Premio Nobel de Química, por la obtención de elementos radiactivos artificiales. Era el tercer Premio Nobel para la familia Curie.

Como ya sucedió en 1903 con Pierre y Marie Curie, el trabajo coronado con el Premio Nobel derivó en un reparto de tareas. El físico Frédéric Joliot adoptó la identificación química de los radioisótopos conseguidos artificialmente, que la química Irène Joliot había descubierto físicamente como nuevo tipo de radiactividad, al bombardear una lámina de aluminio con rayos alfa.

Marie Curie aún podía seguir llena de orgullo la ascensión científica de su hija y su yerno: en el año 1932 traspasó a su hija la dirección del Instituto del Radio, y a mediados de enero de 1934 fue testigo del primer intento con éxito de producir radiactividad artificial. El que este trabajo un año más tarde fuera encontrado digno de un

10 Véase *Eve Curie,* ibíd., p. 286.
11 Véase Reid, ibíd., p. 266.

Premio Nobel, y con ello duplicara su propio éxito con Pierre Curie treinta y dos años antes, no llegó a vivirlo.

La fama cambió a Irène Joliot-Curie tan poco como cambió a su madre: siguió toda su vida siendo la misma tímida, severa y recta persona. Su estilo serio y pensativo la hacía parecer continuamente un poco lenta y soberbia, aunque podía ser en compañía de sus pocos amigos totalmente vivaz [12]. Estaba a gusto al aire libre; esquiaba, remaba, navegaba y nadaba, cuando en vacaciones se le ofrecía la oportunidad. En la montaña emprendía largas excursiones; debía hacer curas allí a menudo, porque ella, al igual que su madre, derivaba hacia la tuberculosis. A pesar de que su interés principal era la ciencia, tenía afición por la literatura, sobre todo por Victor Hugo y Rudyard Kipling, del cual incluso tradujo algunas poesías al francés.

En el transcurso de su matrimonio ganó la vida en familia una nueva dimensión para Irène Joliot: «...tenía claro que yo, si no tuviera hijos, no podría consolarme con haber hecho cualquier experimento importante, siempre y cuando fuera capaz de ello» [13]. A pesar de las largas horas que pasaba en el laboratorio, era una madre entusiasta y dedicaba a sus hijos mucho tiempo. Ambos —tanto Hélène nacida en 1927, como Pierre nacido en 1931— fueron más tarde igualmente científicos brillantes y continuaron con éxito la tradición investigadora iniciada por los abuelos y continuada por los padres: Hélène, que más tarde se casará con un nieto de Paul Langevin, fue como su madre y su abuela, física nuclear, Pierre derivó a la biofísica.

---

[12] Véase Perrin, ibíd., ibíd., 158.
[13] Véase Brian Easlea: *Väter der Vernichtung. Männlichkeit, Naturwissenschaftler und der nukleare Rüstungswettlauf* (Padres del exterminio: Humanidad, científicos y la carrera de armamentos nucleares), Hamburgo, 1986, p. 83.

Irène Joliot-Curie se aventuró en la política práctica. Ella, que una vez estuviera familiarizada por su abuelo Eugène Curie con la ideología liberal de izquierdas y más tarde siguiera a su marido en sus tendencias socialistas, sirvió en 1936 durante cuatro meses a Léon Blum como secretaria de estado en su gobierno del frente popular y fue con ello la primera mujer en un gobierno francés. Un año más tarde fue nombrada catedrática en la Sorbona.

Frédéric Joliot trasladó su labor investigadora al Collège de France, donde igualmente en 1937 obtuvo una cátedra. Se ocupó allí sobre todo del proceso de fisión nuclear e hizo importantes descubrimientos en la materia, que ya apuntaron a la posibilidad de una reacción en cadena en la fisión del núcleo de uranio.

Irène Joliot-Curie siguió investigando en el Instituto del Radio y analizó, durante el transcurso de la Segunda Guerra Mundial principalmente los productos de desintegración del núcleo de uranio por la irradiación con neutrones. Se encontraba en buena compañía: el italiano Enrico Fermi se había ocupado previamente de esta cuestión, y también investigaban en el tema Otto Hahn y Lise Meitner en Berlín.

Tras la invasión alemana en Francia, Irène Joliot Curie permaneció con el resto de los investigadores en su laboratorio. En 1944 —pocos meses antes de la liberación de París— fue llevada por el movimiento comunista de resistencia junto con sus hijos al extranjero, a Suiza. Se temían represalias contra ella, debido a la actividad de su marido como luchador clandestino en la resistencia.

En 1946 —un año después del final de la guerra— Irène Joliot-Curie fue nombrada directora del Instituto del Radio, que tres décadas antes había sido construido para su madre y que ella llevaba ya desde 1932. Aparte de esto, en los siguientes cuatro años fue uno de los directores de la Comisión Francesa de Energía Atómica, que Frédéric Joliot dirigía como alto comisario. En estos años el matrimonio pertenecía no sólo a la flor y nata científica de Francia, sino también a la política. Ambos fueron en sus cargos políticos víctimas de sus convicciones izquierdistas: en 1950 fueron despedidos de la Comisión de Energía Atómica debido a sus actividades comunistas.

La sed de actividad de Irène Joliot-Curie no cesó por esto en modo alguno: sólo se ocupaba con mayor empeño en la construcción de nuevos y mejores laboratorios del Instituto del Radio en Orsay, un barrio periférico al sur de París. El tiempo sobrante lo dedicaba a movimientos feministas pacíficos.

Irène Joliot-Curie sólo llegó a los 58 años de edad. Murió el 17 de marzo de 1956 en París de leucemia aguda, como su madre, y ello por las consecuencias de la radiación, a la que se había expuesto durante largos años sin suficiente protección, primero como enfermera de rayos X en la Primera Guerra Mundial y después en su trabajo de investigación en el laboratorio, cuando los peligros de la radiactividad aun no eran conocidos en toda su extensión.

Gerty Theresa Cori

Premio Nobel de Medicina 1947

La primera mujer que obtuvo un Premio Nobel de Medicina fue la austro-americana Gerty Theresa Cori, en el año 1947. Los cincuenta premios Nobel en Medicina anteriores los habían recibido exclusivamente científicos varones. Al mismo tiempo, fue el primer Premio Nobel femenino para los Estados Unidos. Al igual que sus predecesoras en el trofeo, las madre e hija Curie, le fue adjudicado juntamente con su marido, el médico y farmacólogo Carl Ferdinand Cori y además por el conjunto «descubrimiento de la reacción catalítica del glucógeno». Durante veinticinco años el matrimonio Cori estudió el metabolismo de los hidratos de carbono y las funciones de las enzimas en el tejido animal, entre otras cosas, la síntesis y el catabolismo del glucógeno en los músculos de los conejos. Los Cori, que se nacionalizaron estadounidenses en 1928, se dividieron una de las mitades del Premio Nobel de 1947. La otra mitad la obtuvo el argentino Alberto Bernardo Houssay por su «descubrimiento de la importancia hormonal de los lóbulos anteriores de la hipófisis en el metabolismo del azúcar», un descubrimiento que se sitúa en estrecha relación con el trabajo de los Cori.

Por su trabajo en común, así como por su biografía, Gerty y Carl Cori serían el matrimonio-pareja de investigadores más larga y estrechamente unido de entre todos los premios Nobel: «Sería imposible separar las contribuciones de Gerty Cori a la ciencia de aquellas de Carl Cori, dado que desde su primera publicación común trabajan en conjunto»[1]. Su formación médica y fisiológica capacitó a Gerty y Carl para establecer una relación entre los procesos en el plano molecular con los fenómenos en el organismo. Gracias a sus conocimientos en física y química consiguieron hacer trabajos pioneros en el campo de la dinámica bioquímica. Gerty y Carl Cori trabajaron sólo en investigación básica. La aplicación de sus conocimientos se la cedieron a otros científicos.

Los Cori tenían más o menos la misma edad. Gerty Theresa Cori, la mayor de tres hijas, nació el 15 de agosto de 1896 como Gerty Theresa Radnitz en Praga, su futuro marido Carl Ferdinand Cori, el 5 de diciembre en Trieste, al otro extremo de la monarquía austrohúngara danubiana de aquel entonces. Para realizar sus estudios Carl Cori regresó más tarde a Praga, de donde también provenía su familia.

El padre de Gerty Radnitz dirigía una refinería de azúcar. Había puesto a su hija mayor el nombre de un barco de guerra austríaco; ésta recibió lecciones en casa hasta la edad de diez años, como entonces correspondía a hijas de buena familia. Finalmente, fue enviada a un

---

[1] Véase Severo Ochoa: «Gerty T. Cori, Biochemist», en: *Science,* vol. 128, 4 julio 1958, pp. 16 y ss.; también Evarts A. Graham, Jr.: «Dr. Carl F. Cori, Professor of Biochemistry, Dr. Gerty T. Cori, Professor of Biochemistry», en: *St. Louis Post-Dispatch,* 17 junio 1948, pp. 37-40.

liceo de mujeres, donde aprobó su examen final en 1912. Sin embargo, para el acceso a la universidad para la carrera de química que planeaba posteriormente, este final no bastaba. Debía conseguir además el título de bachiller, que obtuvo en el Tetschen-Gymnasium de Praga. En 1914 se inscribió en la Facultad de Medicina de la Universidad Alemana de Praga y consiguió seis años más tarde, en enero de 1920, su grado de doctora en Medicina [2].

Ya al principio de sus estudios conoció Gerty Radnitz, una atractiva pelirroja, a su futuro marido, que estudiaba medicina en el mismo curso que ella. También Carl Cori estaba muy feliz por el encuentro; más tarde relató, que justamente por este motivo se encontraba tan bien en la universidad de Praga: «encontré una compañera de trabajo, una mujer joven, que tenía carisma, alegría e inteligencia y que amaba la naturaleza —características, que me atrajeron enseguida. Siguió una temporada muy agradable en la que estudiábamos y hacíamos planes juntos, excursiones al campo o íbamos a esquiar» [3].

La joven felicidad fue bruscamente interrumpida en el tercer año de estudios, cuando Cori se incorporó al ejército austríaco en la Primera Guerra Mundial. En 1918 regresó a Praga y allí realizó el examen de estado en Medicina, en 1920. Como quería seguir trabajando en el plano científico, fue a Viena, donde dividía su tiempo entre el laboratorio de la Clínica de Medicina Interna y el Instituto de Farmacología de la Universidad. El 5 de agosto de 1920 se casaron en Viena Ferdinand Cori y Gerty Radnitz.

    [2] Véase a este respecto y siguientes The Nobel Foundation: *Les Prix Nobel. The Nobel Prizes 1947,* Estocolmo, 1948, pp. 84-85. También John Parascandola: «Gerty Cori 1896-1957. Biochemist», en *Radcliffe Quarterly,* diciembre 1980, pp. 11-12.
    [3] Carl F. Cori: «The Call of Science», en: *Annuals of Biochemistry,* vol. 38/685, pp. 1-20.

Gerty Theresa Cori

Tras su boda, la joven señora Cori trabajó durante dos años en Viena, en el Hospital Infantil Carolino, para su especialización. Durante un tiempo pareció que iba a ser pediatra, por tradición familiar por así decirlo, ya que un tío por parte de madre enseñaba pediatría en la Universidad de Praga.

Sin embargo, en lo que respecta a la medicina clínica, ambos Cori se desilusionaron pronto, por el cinismo y la falta de ética profesional de su entorno. Se preguntaban a sí mismos si el trabajo de médicos era lo indicado para ellos y experimentaban cada vez más fuertemente el deseo de entrar en la investigación. La posibilidad de encontrar un puesto pagado en un instituto de la universidad o en un laboratorio de investigación era en aquel entonces extremadamente pequeña. En el mismo hospital no había sueldo para jóvenes médicos ayudantes en formación, sino apenas una comida caliente al día. Eran malos tiempos económicamente en la Austria de la posguerra y la mayor parte de la población pasaba hambre. Gerty Cori se puso muy enferma en Viena, padeció xeroftalmia, una enfermedad causada por la falta de vitamina A, por la que se secan la conjuntiva y la córnea de los ojos. Los síntomas sólo pudieron ser curados cuando Gerty Cori regresó a Praga, donde la alimentación era mejor [4].

En vista de las difíciles condiciones de vida en Europa, los Cori decidieron en el año 1922 atravesar el Atlántico. Carl Cori consiguió un puesto en investigación sobre el cáncer en el Instituto de Farmacología en Buffalo, en el estado de Nueva York. El instituto estaba bien provisto y ofrecía libertad total en la elección de temas de investigación. Por otra parte, apenas se exigía una cierta rutina en el trabajo. Gerty Cori llegó a los

---

[4] Véase Cori, ibíd., p. 8.

Estados Unidos medio año después que su marido y fue asignada en Buffalo al departamento de Patología, primero como ayudante de laboratorio destacada y más tarde cómo investigadora. Allí, debía sobre todo realizar análisis rutinarios de microscopia, por ejemplo el análisis de muestras de orina y heces. Este trabajo no la satisfacía, y por ello tomó parte en las investigaciones de su marido. Ya en su época de estudiantes, había empezado ella a investigar junto con su marido y había publicado con él una primera contribución al conocimiento de la sangre humana. Al igual que Carl Cori, Gerty Cori se interesaba principalmente por temas bioquímicos.

Cuando se descubrió en Buffalo la intromisión en el instituto de dicha cooperación, se amenazó a Gerty Cori con el despido, si no abandonaba prácticas. A partir de entonces la señora Cori compaginó su trabajo rutinario con sus actividades ilegales complementarias, además con el microscopio, lo cual no se notó. Ya en 1923 publicó el resultado —un estudio sobre la influencia del extracto de tiroides y la tiroxina en el ritmo de procreación de los paramecios [5]. Con ello se interrumpió la tormenta contra su trabajo en conjunto, y a partir de entonces los Cori pudieron trabajar a su gusto en Buffalo sobre problemas de interés común.

Sólo otra vez fue la colaboración científica de Gerty y Carl Cori motivo de disputa: cuando Carl recibió una oferta de un puesto bien dotado en una universidad vecina, en el que debía renunciar a la cooperación con su mujer. El rechazó esta imposición por inadmisible y se mantendría firme en lo sucesivo en esta postura. Con ello, él limitaba mucho sus posibilidades laborales, dado que muchas universidades tenían en aquel entonces, como hoy, reglas en contra del empleo de dos miembros

---

[5] Véase Cori, ibíd., p. 11.

de la misma familia. A Gerty Cori se le hicieron reproches en este sentido, al obstaculizar profesionalmente a su marido por sus deseos de colaboración. A pesar de contar ya con treinta años y de ser una científica reconocida, se sintió tan presionada en una conversación acerca de su marido, que rompió a llorar. Le habían explicado que no era americano para un hombre y que era un impedimento para su carrera el colaborar con su mujer [6].

Los Cori evidentemente se complementaban el uno al otro perfectamente. Quien los veía juntos, tenía la impresión de que cada uno de ellos de continuo inconscientemente intuía lo que el otro acababa de pensar. Evarts Graham, el hijo de un compañero de los Cori, lo describió así: «Sus procesos intelectuales se entremezclan, de modo que hablan y piensan en común. Cuando uno formula un pensamiento, entonces el otro lo recoge, lo despliega y lo adorna para, finalmente, alcanzar al primero, para que el otro pueda seguir completándolo... Su trabajo científico opera de la misma manera. Discuten en común experimentos y deciden cómo debe interpretarse lo que han visto. Cuando ellos resuelven una de sus esporádicas diferencias de opinión, entonces queda —al contrario que en la mayoría de los equipos de investigación— ventajosamente, en familia» [7].

No obstante Carl Cori admitió más tarde, que la cooperación científica entre matrimonios no siempre es fácil: «es un tema delicado, que exige mucho dar y recibir por ambas partes y ocasionalmente conduce a conflictos, cuando ambos son cónyuges con iguales derechos y no quieren ceder en su opinión» [8]. La base de la finalmente armónica colaboración científica entre los

---

[6] Véase Cori, ibíd., p. 11.
[7] Véase Graham, ibíd., p. 37.
[8] Cori, ibíd., p. 12.

Cori, era de seguro, su feliz unión privada, que también dividía todos los demás intereses, como el amor al arte, la música, la literatura y el deporte.

Los nueve años en Buffalo fueron en muchos aspectos importantes para Gerty Cori. Le ofrecieron la oportunidad de poner un pie en la investigación. Al mismo tiempo podía instalarse en la vida americana y conocer el país y a su gente. Ya antes de que, en 1931, siguiera a su marido como ayudante de investigación bioquímica en el departamento de Farmacología de la Facultad de Medicina de la Universidad Washington, en St. Luois, Missouri, su trabajo no se concentraba, como en sus inicios en los Estados Unidos, en el análisis del metabolismo de los hidratos de carbono de los animales, sino sobre el análisis microbiológico de tejidos aislados. Más tarde, Gerty Cori estudió partes de tejidos y finalmente aisló enzimas. En 1936 consiguió aislar Glucosa-I-Fosfato de músculos de rana, especialmente preparados. Esto condujo a reconocer la actividad de una enzima, que fue denominada la «Fosforilasa». En 1943 cristalizó la Fosforilasa de músculos de conejos. Más tarde tuvo éxito en la cristalización de otras enzimas [9].

El período de tiempo hasta la Segunda Guerra Mundial y los años siguientes fueron para los Cori una fase muy productiva. También en privado, fue una etapa muy feliz: en agosto de 1936 vino al mundo el hijo de Gerty Cori, Carl. Nació en el verano más caluroso que se diera en el centro-oeste americano. Gerty Cori tenía en aquel entonces casi cuarenta años, y trabajaba hasta el último minuto, hasta que la brisa pasaba por el tórrido laboratorio. Era justamente la interesante fase en la que los Cori descubrieron el Glucosa-I-Fosfato, un producto

---

[9] Véase Joseph S. Fruton: «Cori, Gerty Theresa Radnitz», en: *Dictionary of Scientific Biography,* vol. 3, Nueva York, 1980, pp. 415 y ss.

intermedio en la síntesis del glucógeno, que obtuvo en su honor el nombre de «Cori-Ester». Los deberes de la maternidad no interrumpieron el trabajo científico de la señora Cori.

Sin embargo, hasta que Gerty Cori fue reconocida académicamente debieron pasar aún años. En 1947 —a la edad de 51 años, después de haber trabajado 16 años en St. Louis como auxiliar de investigación mal pagada— obtuvo en dicha Universidad Washington una cátedra propia en bioquímica. Retuvo esta plaza hasta su muerte, diez años más tarde. En el mismo año de 1947, Gerty Cori recibió juntamente con su marido el Premio Nobel de Medicina.

1947 fue, además, el año en el que la médico italiana, trece años más joven, Rita Levi-Montalcini, siguió la llamada de Víctor Hamburger en su laboratorio en el departamento de Zoología en la Universidad Washington en St. Louis. Su trabajo sobre factores de crecimiento de los nervios, que en 1986 —39 años después de Gerty Cori— fuera considerado para el Premio Nobel, lo realizaba igualmente en St. Louis y obtuvo allí en 1958 una cátedra propia, en la que se quedó hasta la jubilación. Desgraciadamente no hay pistas sobre si Gerty Cori y Rita Levi-Montalcini se conocieron, y en tal caso cómo fue su relación, a pesar de haber trabajado diez años en la misma universidad, si bien en campos distintos y en distintas escalas de jerarquía.

Justamente en el punto más alto de su carrera —pocas semanas antes de viajar con su marido a la entrega del Premio Nobel en Estocolmo mientras su hijo de once años, Tommy, se quedaba en casa— le sobrevinieron a Gerty Cori los primeros problemas fatales de salud. Durante una excursión a la montaña en las cercanías de Aspen, Colorado, notó que tenía dificultad en llegar a lo alto y tuvo un trastorno respiratorio. La causa de ello era una mielofibrosis, una rara enfermedad de la sangre, que conduce a la leucemia. Gerty Cori podría haber vivido aún cien años con esta enfermedad, pero su estado empeoraría visiblemente en los años siguientes. A pesar de ello, ella llevó su sufrimiento con gran valentía y con una voluntad casi sobrehumana, sin descuidar sus intereses. En sus últimos años de vida, consiguió aún un descubrimiento interesante: el mal posicionamiento enzimático en diferentes formas de modificaciones patológicas en el almacenamiento del glucógeno en los niños. Ella mostró que un defecto enzimático puede ser hereditario.

Gerty Cori murió el 26 de octubre de 1957, con 61 años de edad, de un fallo de los riñones. Las notas necrológicas la ensalzaban como una mujer extraordinariamente cariñosa y cultivada, a la vez que una científica muy profesional: «Insistía en lo manual como sana base del trabajo científico. No excusaba ninguna clase de mediocridad ni procedimientos fáciles en la ciencia. Esto lo demuestran las altas exigencias que ponía a su propio trabajo» [10].

La filosofía científica y personal de Gerty Cori se ha conservado en una serie de discos con el título *This I believe* (Esto es lo que creo). Allí dice: «La honradez, que la mayoría de las veces alimenta la integridad intelectual, el valor y la amabilidad, son virtudes que siempre he admirado, aunque en el transcurso del tiempo se ha trasladado un poco el énfasis, y hoy en día me parece la amabilidad más importante que en mi juventud. El amor al trabajo y la dedicación a él me parecen la base para ser feliz. Para un investigador, las ocasiones inolvidables de su vida son aquellos raros momentos, que llegan tras

---

[10] Hermann M. Kalchar, en: *Science,* vol. 128, 4 de julio de 1958, p. 17.

años de agotador trabajo arrastrándose hacia ellos, cuando se levanta de repente el velo sobre el secreto de la naturaleza y cuando lo que era oscuro y caótico, aparece en clara luz y con bella estructura»[11].

---

[11] Cori, ibíd., p. 18.

Maria Göppert-Mayer

Premio Nobel de Física 1963

Alrededor de cuatro docenas de científicos de Alemania han sido honrados con el Premio Nobel, sin embargo, no había ninguna mujer entre ellos. La única Premio Nobel, que al menos nació en Alemania, aunque se nacionalizaría americana mas tarde, es Maria Göppert-Mayer. Juntamente con el profesor de Física de Heidelberg, Hans D. Jensen, compartió, en 1963, una mitad del Premio Nobel[1]. Con ello fueron premiados los trabajos de ambos investigadores sobre la estructura de niveles del núcleo atómico, que permitían una explicación de la estabilidad de núcleos atómicos con cierto número de nucleones, los llamados «números mágicos».

Maria Göppert-Mayer fue la segunda, y hasta ahora última, científica tras Marie Curie, que recibiera un

[1] La otra mitad del Premio Nobel de Física de 1963 la obtuvo el americano Eugene P. Wiegner «por sus contribuciones a la teoría del núcleo atómico y las partículas elementales, especialmente por el descubrimiento y aplicación de principios de simetría fundamentales».

Premio Nobel de Física. La señora Göppert-Mayer tenía, en el momento de la entrega del premio, 57 años y trabajaba ya desde hacía treinta en los Estados Unidos, donde catorce años antes había realizado el trabajo digno del premio. La patria natal de la premiada, Alemania, le había mostrado, no obstante, su camino en la física americana.

Maria Göppert nació el 28 de junio de 1906 en Kattowitz en Oberschlesien; con tres años se trasladó con su familia a Göttingen, donde su padre enseñaba pediatría en la Universidad y dirigía allí una clínica. La futura física, que por parte de padre provenía de una antigua y culta familia, hacía con ella la séptima generación ininterrumpida de profesores universitarios. Maria vivió durante todo su niñez y juventud en Göttingen, era hija única del matrimonio Göppert y su padre sentía por ella una especial debilidad. Ya temprano reconoció sus excepcionales cualidades y estaba, con razón, orgulloso de ella [2].

«Misi», como la llamaban sus amigos, asistió durante nueve años a la Luissenschule de Göttingen y tras continuar otros tres años en otra escuela aprobó su examen de bachiller con mención honorífica. El camino a dicho examen no le fue fácil. En aquel tiempo, en Göttingen había sólo algunas escuelas privadas que prepararan chicas para el examen y dichas escuelas quebraron durante la inflación y cerraron sus puertas. Los profesores sí seguían examinando, pero Maria Göppert tuvo que tomar su examen en 1924 en la vecina Hannover, «examinada por profesores, que no había visto nunca antes» [3]. Lo singular que era la realización del

[2] Véase *Göttinger Tageblatt:* «Fast ein echtes Kind Göttingens...» («Casi una auténtica niña de Göttingen...»), 9-11-1963.

[3] Véase The Nobel Foundtaion: *Les Prix Nobel. The Nobel Prizes 1963,* Estocolmo, 1964, p. 98.

Maria Göppert-Mayer

examen de bachiller para las chicas en la Alemania de
aquel entonces se deduce de que sólo otras cuatro
estudiantes, de entre varios cientos de bachilleres de
Göttingen, tomaran el examen con Maria Göppert en
1924 [4].

Que ella continuaría sus estudios después del *Abitur*,
estaba claro para aquella joven de dieciocho años, así
como para sus padres, sin que hubiera hecho falta
explicitarlo. Más tarde, narraba Maria Göppert: «Desde
siempre, desde que era una niña muy pequeña, he sabido
que se esperaría de mí, cuando creciera, que adquiriera
una educación o formación que me capacitara a ganarme
mi medio de vida, de modo que no dependiera de un
matrimonio» [5].

La bachiller se encaminó a las ciencias, un paso aún
inusual en aquel tiempo para una chica. También en el
año 1924 se matriculó en la Universidad de Göttingen.
Primeramente quería estudiar Matemáticas, más tarde
eligió la Física. Justo en aquel entonces surgía en Göttingen la nueva Teoría Cuántica, a través de contribuciones de Max Born, Werner Heisenberg y Pascal Jordan.
Maria Göppert se sintió atraída sobre todo por este
tema, que entonces «era joven y excitante», como años
más tarde resumiera [6].

Con excepción de un semestre de estudio en Cambridge, Marie Göppert permaneció hasta su doctorado en
1930 en Göttingen, que por esas fechas era un brillante
centro de ciencias. Escribió su tesis con el catedrático
de física teórica en Göttingen, Max Born, profesor de

---

[4] Véase Maria Göppert-Mayer: «The Changing Status of Women as
seen by a Scientist» («La situación de cambio de la mujer vista por una
científica»), conferencia en Japón 1965, p. 3, por la Universidad de
California, San Diego, Central University Library, Mandeville Department of Special Collections.

[5] Véase Göppert-Mayer, ibíd., p. 2.

[6] Véase The Nobel Foundation, ibíd., p. 98.

toda una generación de físicos de gran valía siendo el mismo merecedor del Premio Nobel de Física, en 1954. El examen de doctorado lo realizó Maria Göppert con el físico experimental James Franck, ganador del máximo galardón de Física en 1925, y en la asignatura complementaria de química con Alfred Windaus, Premio Nobel de Química del año 1927, entre otros.

A pesar de su alta cualificación para las ciencias, Maria Göppert no era sólo, obviamente, el arquetipo de «científico»: ella frecuentaba un círculo elegido de jóvenes académicos, al que pertenecían muchas futuras personalidades de las ciencias y amaba las reuniones sociales, como las que frecuentemente tenían lugar en casa de sus padres.

Poco antes de su doctorado conoció al americano becado por Rockefeller, Dr. Joseph Edward Mayer, que trabajaba en el laboratorio de James Franck. Se casó con él en el año 1930, poco después de su examen de doctorado y se fue con él a Baltimore, donde Mayer había encontrado un puesto en la destacada Universidad John Hopkins, modelo de tantas otras universidades americanas de élite.

Era el tiempo de la gran depresión económica; como mujer y además esposa de un profesor, Maria Göppert no tenía ninguna oportuniad de encontrar un puesto académico remunerado. No obstante, se mantuvo fiel a la física; seguía trabajando voluntariamente y sin remuneración, «por el solo placer de dedicarse a la física», como más tarde ella misma dijo[7].

En Baltimore nacieron ambos hijos de Maria Göppert-Mayer, la hija Marie Ann, que más tarde estudiaría astronomía, y el hijo Peter Conrad, que sería economista. La creciente familia hizo que la madre en activo

[7] Véase The Nobel Foundation, ibíd., p. 99.

necesitara ayuda externa. Incluso cuando la esposa y madre trabajaba sin ser pagada, los Mayer no veían en absoluto las tareas complementarias de una criada como dinero que arrojaran por la ventana: «consideramos los gastos de una ayuda parcial en casa como un seguro —seguro para mí en el caso de la muerte de mi esposo» [8].

A pesar de sus deberes familiares, Maria Göppert desarrolló en Baltimore nuevos intereses científicos: bajo la influencia de su marido y de su colega Karl F. Herzfeld se especializó en el transcurso del tiempo en Química-Física. Publicó, juntamente con Herzfeld y su marido, varios trabajos y comenzó a trabajar sobre los colores y espectros de absorción de moléculas orgánicas.

En el año 1939, Joseph Mayer fue llamado por la prestigiosa Universidad de Columbia, en Nueva York. Maria Göppert-Mayer enseño allí durante todo un año como docente en el Sarah Lawrence College y después trabajó en el Strategic Alloy Metals Laboratory, que producía trabajo de guerra secreto y que en el marco del proyecto Manhattan impulsó el entonces tan importante desarrollo de la bomba atómica. Bajo la dirección del jefe de laboratorio Harols Clayton Urey, que además era Premio Nobel de Química de 1934, Maria Göppert-Mayer se ocupó de aspectos secundarios anteriormente extraños y curiosos del estudio de isótopos. Así por ejemplo, tuvo que estudiar la posibilidad de separar isótopos por medio de reacciones fotoquímicas. Este procedimiento no llegó a ser aplicado. Sobre el valor de aquella actividad ironizó Maria Göppert-Mayer más tarde: «era una física bonita y limpia, aunque no ayudó en nada a la separación de isótopos» [9].

---

[8] Véase Göppert-Mayer, ibíd., p. 4.
[9] Véase The Nobel Foundation, ibíd., p. 99.

Evidentemente, en esos años aún quedaba tiempo para otras actividades científicas: en 1940 Maria Göppert-Mayer publicó, junto con su marido, un libro sobre «mecánica estadística».

Después del final de la guerra, en el año 1946, el matrimonio se trasladó a Chicago, donde pronto encontraron otros importantes colaboradores del anterior proyecto Manhattan. La Universidad de Chicago era el centro y la balanza de la física nuclear. Aquí surgió el tema en los años treinta, aquí se llevó a cabo el proyecto atómico secreto SAM durante la guerra, aquí se construyó el primer reactor con el que, en 1942, se consiguió por primera vez una reacción en cadena controlada y automantenida. También en la década siguiente a la Segunda Guerra Mundial, permaneció Chicago como el sitio más creativo para investigadores nucleares y ofrecía a los científicos de este campo una atmósfera increíblemente estimulante. La física nuclear, que había florecido allí en la guerra con vistas a la aplicación práctica, continuó su auge después de la guerra, cuando se puso atención con más brío en los hasta entonces descuidados problemas básicos.

Para Maria Göppert-Mayer, Chicago fue el primer lugar donde «no se la contemplaba como una pesada carga, sino que se la saludaba con los brazos abiertos» [10]. De pronto se encontró trabajando —aunque también sin ser pagada— como profesora de física, pudiendo investigar en el Instituto de Física Nuclear y, al mismo tiempo, en el recién inaugurado Argonne National Laboratory, a la entrada de la ciudad.

El Argonne National Laboratory, instalado en los bosques de Illinois, es un laboratorio nacional del Departamento de Energía Atómica americano, gestionado

---

[10] Véase The Nobel Foundation, ibíd., p. 99.

por la Sociedad de la Universidad de Argonne y la Universidad de Chicago. En aquel entonces, se hicieron allí trabajos pioneros. Por ejemplo, a partir del desarrollo de la utilización pacífica de la energía nuclear, se desarrollaron allí prototipos de reactores.

Maria Göppert-Mayer superó rápidamente sus inquietudes iniciales por entender demasiado poco de energía nuclear para sus nuevas tareas. Obviamente, consiguió pronto llenar sus lagunas de conocimientos. Se acordará después con gusto de aquel tiempo: «En la atmósfera de Chicago, era bastante fácil aprender física nuclear. En gran parte, esto se lo debo a las muchas discusiones con Edward Teller y especialmente con Enrico Fermi, que siempre era paciente y estaba dispuesto a colaborar» [11]. Maria Göppert-Mayer debió de haber sido una alumna inteligente, porque al menos de Fermi se sabe a ciencia cierta que no hablaba con cualquiera...

La señora Göppert-Mayer, no obstante, conocía a Enrico Fermi desde hacía muchos años. La mujer de Fermi, Laura, llama a los Mayer en su libro «Atoms in the family» («Atomos en la familia)», «nuestros amigos» y narra, cómo conoció a la pareja: «Nos encontramos por primera vez con los Mayer en 1930 en Ann Arbor, cuando visitamos por primera vez América. En aquel entonces estaban recién casados; Joe un grande y rubio americano; Maria una chica alemana de mediana estatura, de Göttingen, donde ambos se habían encontrado y casado. Ambos eran científicos, él químico, ella física. Como Joe se había marchado a la Universidad de Columbia a finales de 1939, habían comprado una casa en Leonia y se mudaron allí más o menos al mismo tiempo que nosotros» [12].

[11] Véase The Nobel Foundation, ibíd., p. 99.
[12] Véase Laura Fermi: «Atomos en la familia. Mi vida con Enrico Fermi», University of New Mexico Press, Alburquerque, nueva edi-

Los Mayer y los Fermi obviamente se entendían inusualmente bien y compartían muchas preocupaciones y necesidades. Así, jugaban con el pensamiento de dejar juntos los Estados Unidos y marchar a una isla desierta en el Pacífico, si el nazismo se extendía hasta los Estados Unidos. Lo que se lee de Laura Fermi como cómico, muestra el sentimiento de vida dañado de esa generación europea de emigrantes: «durante las muchas tardes, que pasamos con los Mayer entre la ocupación de Francia y la entrada de América en la guerra, hacíamos planes juntos. Entre una discusión filológica sobre el origen de no se qué palabra inglesa, y un consejo a los jardineros que los Mayer pasaron a los Fermi, nos preparábamos para ser modernos Robinson Crusoe en alguna isla abandonada. Hacíamos planes tan bien pensados en teoría, tan cuidadosamente elaborados en todos los detalles, como se podía esperar de un grupo de personas que incluía dos físicos teóricos y un químico práctico, educado a la americana. Joe Mayer sería el capitán marino, un papel en el que no tenía excesiva experiencia. Los conocimientos de Enrico sobre tormentas, mareas y estrellas ayudarían. Su entusiasmo ante la perspectiva de experimentar con el compás y el sextante, era alentadora. Sin embargo, Joe opinaba que a la primera oportunidad debíamos ensayar el viaje por mar en las aguas de Florida. Entretanto, había mucho por hacer. Maria Mayer y Enrico podían aconsejar y decidir qué parte de nuestra civilización merecía la pena ser salvada. Maria debía reunir los libros más indicados para ello»[13].

Durante esos años, también fue intensiva y personal la relación de Maria Göppert Mayer con Edward Teller, el

---

ción, publicado originalmente por University of Chicago Press, Chicago, 1954, p. 170.

[13] Véase Fermi, ibíd., p. 171.

«padre de la bomba de hidrógeno». En los años 1939 a 1971, intercambió con él innumerables cartas[14]. En sus obras póstumas, está incluida la mayoría de la correspondencia manuscrita de Teller que aunque también refleja eventos políticos de entonces tiene, sin embargo, un contenido esencialmente privado y no raras veces familiar, saliendo a relucir la física sólo marginalmente.

En el año 1948, Maria Göppert-Mayer comenzó a trabajar con los llamados números «mágicos», es decir: a ocuparse de aquellos núcleos atómicos en los que se tiene un número especial, designado cómo «mágico», de protones o neutrones. Con los modernos métodos matemáticos de la teoría de grupos, desarrolló un nuevo esquema de clasificación para los núcleos atómicos y sus propiedades más importantes. En relación a ello postuló su «modelo de capas», que describe exactamente la sistemática de los núcleos atómicos, por ejemplo, el *spin* nuclear y los momentos magnéticos»[15].

En el modelo de capas, se supone que los nucleones del núcleo están ordenados en determinadas órbitas estables, que también se denominan «capas», de forma semejante a como lo hacen los electrones en la corteza del átomo. Para ciertos números de protones o neutrones, se llena cada vez una capa por completo. Ese tipo de núcleos son especiamente estables. Por ello debe ponerse el siguiente protón o neutrón en la siguiente capa más alta más cercana, en la que está ligado más débilmente a los demás nucleones. En un núcleo estable, las diferentes capas están ocupadas por completo por nucleones.

---

[14] Véase Universidad de California, San Diego, Central University Library, Mandeville Department of Special Collections: *Maria Göppert-Mayer Papers, Edward Teller Correspondence, ca. 1939-1971* (artículos de Maria Göppert-Mayer Papers, correspondencia con Edward Teller, entre 1939-1971).

[15] Véase Hans A. Bethe: «Ganadores del Premio Nobel anunciados. Física», en: *Science*, vol. 14, 15 de noviembre de 1963, p. 938.

Al mismo tiempo que Maria Göppert-Mayer, pero independientemente de ella, desarrollaron en Alemania Hans Jensen, Otto Haxel y Hans Suess el modelo de capas del núcleo atómico. Hans Jensen se encontró personalmente con Maria Göppert-Mayer en 1950. Poco después, los dos antiguos competidores, que una década después llegarían a compartir el Premio Nobel, escribieron juntos un libro sobre el tema. Apareció en 1955, bajo el título de «Elementare Theorie der nuklearen Schalenstruktur» («Teoría Elemental de la Estructura de Capas Nuclear»). Las leyes predichas por Maria Göppert-Mayer y Hans Jensen fueron totalmente verificadas más tarde con observaciones y experimentos. El concepto teórico dio, con ello, un paso importante.

En el año 1960, el matrimonio Mayer fue a La Jolla, San Diego, a la Universidad de California. Allí obtuvo la señora Göppert-Mayer su primer puesto académico regular, como profesora de Física, permaneciendo doce años en este puesto, hasta su muerte. En 1963, recibió el Premio Nobel de Física, catorce años después de su importante descubrimiento del modelo de capas de su época en Chicago. El Premio se convirtió en el punto culminante de su carrera científica. A él le siguieron una lista de doctorados Honoris Causa de universidades americanas.

En San Diego, Maria Göppert-Mayer se comprometió cada vez más públicamente con el estudio científico de las mujeres y alentaba a las jóvenes a buscar su camino en las ciencias. En una conferencia en Japón, en 1965, dijo: «Las ciencias son realmente un campo excelente de estudio para las mujeres, especialmente la Física o la Química. Para mí la Física supone más diversión que cualquier otra materia. No hay ningún motivo para creer que las mujeres están en este aspecto menos capacitadas que los hombres, y que una mujer inteligente y bien cultivada no pueda aportar una contribución científica significativa» [16].

La señora Göppert-Mayer hallaba en esta vía las dificultades del doble papel de una científica entre la familia y el trabajo; sabía, por propia experiencia, que las mujeres que no quieren renunciar a marido e hijos se encuentran con una especial resistencia en el trabajo y también en la ciencia: «Toda mujer quiere una vida completa, quiere casarse y tener hijos. Muchas mujeres solucionan este problema sacrificando todas sus actividades profesionales y viviendo sólo como esposas y madres. Eso es lo que hace ser reacios a algunos profesores de universidad a aceptar mujeres» [17].

Maria Göppert-Mayer advertía a las mujeres contra la renuncia de su trabajo: «no hay ningún motivo real para una mujer casada, para abandonar su carrera. Cuando es obligada a un par de años de inactividad, porque sus hijos son pequeños, al menos debería mantener contacto con su campo de estudio y seguir los nuevos descubrimientos y progresos en él. De esta manera, podrá retomar su carrera en cualquier momento. Los niños van creciendo demasiado aprisa y, de esta forma, seguirá teniendo una vida recompensada cuando sus vástagos estén fuera de casa» [18].

A la propia científica no parecía serle muy fácil el papel unido de madre de familia y mujer trabajadora. «Naturalmente la combinación de niños y trabajo no es del todo fácil», opinaba ella. «Existe una presión emocional correspondiente a las lealtades enfrentadas a la ciencias, por un lado, y a los niños, por otro, que al fin y al cabo necesitan una madre. Yo he tenido esta experiencia

---

[16] Véase Göppert-Mayer, ibíd., p. 5.
[17] Véase Göppert-Mayer, ibíd., p. 5.
[18] Véase Göppert-Mayer, ibíd., p. 5.

completa. Pero cuando los niños se hacen mayores, entonces entienden las relaciones y están orgullosos de tener a una científica por madre» [19].

Niños formales y comprensivos no bastan: «Una científica casada», o sea, Maria Göppert-Mayer, «necesita una pareja comprensiva. El marido adecuado para una mujer con una carrera de ciencia, es un científico» [20].

La profesora Göppert-Mayer tenía ese marido y él la sobrevivió en años. Ella murió el 20 de febrero de 1972, sin tener aún 66 años de edad, «después de una larga enfermedad», como se decía en los papeles oficiales. Un ataque de apoplejia y varios ataques al corazón habían entorpecido los últimos años de su vida.

---

[19] Véase Göppert-Mayer, ibíd., p. 6.
[20] Véase Göppert-Mayer, ibíd., p. 6.

Dorothy Hodgkin-Crowfoot

Premio Nobel de Química 1964

Dorothy Hodgkin-Crowfoot, de setenta y nueve años de edad* —Premio Nobel de Química del año 1964—, es la única de las cuatro mujeres Nobel vivas a quien aún se puede encontrar de cuando en cuando, en Alemania. Ella acude regularmente a los congresos de los Premios Nobel de Química en Lindau, en el lago Constanza. En el ilustre gremio de los premiados presentes, la delgada y canosa mujer es el único miembro femenino y está rodeada con cualquier excusa por un apretado racimo de estudiantes deseosos de aprender, periodistas curiosos y colegas diligentes. La científica sabe defenderse de las atenciones que se le prestan con encanto, dignidad y paciencia. Su temperamento diplomático, su afable pa-

---

* Edad correspondiente a 1990, fecha de publicación del original alemán. *(N. de la T.)*

ciencia y su sonrisa de muchacha, no pueden despertar temor alguno.

Con el tiempo, la bioquímica inglesa se ha acostumbrado ciertamente al revuelo que causa su persona: la señora Hodgkin obtuvo en 1964, tras años de intensiva cooperación en la investigación británica de medicamentos, especialmente en la investigación sobre la insulina y la penicilina, el Premio Nobel de Química, como tercera mujer y hasta ahora última, tras Marie Curie e Irène Joliot-Curie. El comité del Nobel le concedió el premio por sus medidas, realizadas con métodos de rayos X, sobre la estructura de importantes sustancias bioquímicas, más concretamente por la explicación de la estructura de la vitamina B_{12}. La ganadora —que en aquel entonces estaba con su marido en Ghana —tenía en ese momento cincuenta y cuatro años de edad y con ello, dos años menos que la media típica de ganadoras del Premio Nobel.

Dorothy Hodgkin parece aún hoy un poco sorprendida de que los jueces de Estocolmo se inclinaran precisamente por ella. La culta profesora de química, que ya de colegiala se había interesado por el análisis de la estructura de los cristales y finalmente consiguiera ser profesora de química en Oxford, se acuerda exactamente del momento en que fue por primera vez declarada «aspirante al Premio Nobel», por así decirlo. Fue poco después de la Segunda Guerra Mundial, y Dorothy Hodgkin expuso los resultados de su entonces independiente investigación sobre la penicilina, a su jefe de investigación en aquel momento, John Desmond Bernal, director del famoso laboratorio Cavendish en Cambridge, con el que ella nunca perdería el contacto. Bernal dijo, según la señora Hodgkin, «¡Dios mío!, ¡Por esto te van a dar el Premio Nobel! Lo que en ese momento no era cierto. Y yo contesté que preferiría ser miembro de la Royal

Society. A lo que él dijo, ¡eso es mucho más difícil!» [1].

La verdad es que en aquellos tiempos la Royal Society era todavía un auténtico club científico de hombres, en el que las mujeres —independientemente de los trabajos que hubieran realizado— sobraban. Dorothy Hodgkin fue aceptada justo en 1947; era la tercera mujer que participaba de ese honor. Hasta que ella finalmente obtuviera el Premio Nobel, transcurrido bastante tiempo; incluso a partir del momento en que, por primera vez, fuera propuesta al comité del Nobel, pasaron años hasta que lo consiguiera efectivamente. Evidentemente esto no sorprendió a la propia científica: «creo, sé incluso muy bien, que ya había sido propuesta anteriormente, pero estas cosas necesitan mucho tiempo» [2].

El que debiera esperar durante tanto tiempo el Nobel, según la opinión del profesor Hodgkin, no se debía a otra cosa que a su condición de mujer. Por el contrario, con la modestia que la caracteriza, Dorothy Hodgkin ve inclusive en esta circunstancia, en su caso especial, una ventaja: «esto me ha ayudado incluso alguna veces de una forma notable, especialmente en la atmósfera de poco después de la guerra, cuando se extendió una liberalización generalizada en el pensar de la gente. En aquel entonces, la Royal Society admitió la primera mujer en su seno. En un período como aquél debía ayudar incluso el ser mujer, sencillamente se notaba más el que se fuera mujer» [3].

Dorothy Hodgkin es una niña típica del antiguo imperio colonial británico. Era la mayor de cuatro hijas

---

[1-6] Grabaciones propias en cinta magnetofónica del 29 de junio de 1983 con motivo del 33 Congreso de Ganadores del Premio Nobel en Lindau en el Lago Constanza, XI Encuentro de los Químicos, traducido del inglés; véase además a este respecto y siguientes The Nobel Foundation: *Les Prix Nobel. The Nobel Prizes 1964,* Estocolmo, 1965, pp. 84-86.

Dorothy Hodgkin-Crowfoot

de padres ingleses y había nacido el 12 de mayo de 1910 en El Cairo, donde en aquel tiempo su padre, John Winter Crowfoot, trabajaba en el Ministerio de Educación. Crowfoot fue entonces por poco tiempo al Sudán, por motivos de trabajo. Había estudiado en su juventud Filología Clásica y sobre todo Historia Antigua, en Oxford, y más tarde se dedicó a la docencia. Posteriormente, volvió otra vez a su tema favorito, la arqueología, y se convirtió, en 1926, en directora de la Escuela Británica de Arqueología de Jerusalén. Mrs. Grace Mary Crowfoot acompañaba a su marido en sus estancias en el extranjero. Ella dibujaba flores y llegó a ser una buena botánica.

Dorothy Mary Crowfoot creció en Inglaterra. Durante la Primera Guerra Mundial sus padres la confiaron, junto con sus hermanos y una niñera, a la custodia de su abuela. Después, los Crowfoot buscaron una casa en la tierra del padre, en Geldeston, Norfolk, y una buena escuela municipal superior, la Sir John Leman en Beccles, a la que Dorothy acudió, de 1921 a 1928. Ya de muy joven, estaba Dorothy fascinada por su posterior tema de estudio, la química, animada por un amigo de sus padres. Junto con una compañera de clase, debía participar en la clase de química para chicos, y pronto se construyó su propio laboratorio en la buhardilla de la casa paterna.

Ella misma cuenta cómo fue entonces la cosa más natural del mundo que ella se empezara a interesar, ya de joven colegiala, aparentemente tan frágil, por su futuro campo científico de trabajo: el análisis de cristales. Ella muestra cómo llegó a tomar la determinación, todavía tan rara para las mujeres de su generación, de estudiar química: «Me gustaba simplemente la forma en que se impartía la química en mi colegio. Ya en la escuela primaria aprendí a hacer crecer cristales y lo encontraba una ocupación fascinante. Más tarde en la escuela superior tuve un profesor de química muy bueno y, dado que en esa escuela no se enseñaba ninguna otra asignatura de ciencias, no había realmente ninguna competencia y me decidí rápidamente a ser química. Cuando tenía quince o dieciséis años, ratifiqué a mi madre mi decisión, por la que me regaló el libro del Premio Nobel William H. Bragg con sus conferencias de Navidad para niños, titulado, «Sobre las cosas de la naturaleza». Allí describía Bragg, cómo a través de la difracción de los rayos X puede ser explicada la estructura de los cristales y aseguraba que mediante esto podían verse los átomos; el verse estaba escrito —como ustedes pueden imaginarse— entre comillas. Yo ya me había preguntado previamente de qué moléculas me gustaría más contemplar los átomos. Eran las moléculas bioquímicamente relevantes. Y una vez más me conseguí un pequeño libro —de P. H. Parsons sobre «Los principios de la bioquímica»— que me fascinó a la edad de dieciséis años. Así que, finalmente, decidí ir a la universidad y estudiar bioquímica» [4].

Aquella joven comenzó sus estudios de Química en 1928, en el Sommerville-College de Oxford, terminándolos en 1932. En aquellos tiempos eran admitidas en Oxford sólo el 10 por 100 de mujeres, de entre el total de cinco mil estudiantes. En las materias de ciencias, el porcentaje era aún más pequeño, «la proporción de mujeres que estudiaba ciencias, era aún menor. En mi promoción aún estaban representadas las chicas bastante fuertemente: en los cinco colegios de chicas había en total cinco estudiantes que estudiaban química. Esto era inusual» [5].

En Oxford, Dorothy Crowfoot se matriculó en Química I y, como complemento a ello, en Química II. Ya durante sus estudios, la joven química trabajaba para su profesor, H. M. Powell, en cristalografía de rayos X,

que acababa de introducir en el departamento de mine-
rología. Más tarde, Dorothy Crowfoot fue a Cambridge
con el brillante cristalógrafo John Desmond Bernal.

Bernal había montado en Cambridge, un par de años
antes, un pequeño grupo de investigación, y se acababa
de hacer un nombre poniendo a punto las medidas de un
grupo de esteroles, de lo que deducía que la entonces
aceptada fórmula de Windaus-Wieland, no se podía
cumplir. Poco después de esto, Bernal se hizo cargo de
un departamento del renombrado laboratorio Cavendish
en Cambridge.

Bajo la dirección de Bernal, que puede considerarse el
antecesor de los descubridores del ADN, James Watson
y Francis Crick, y que además era un bien dotado y
abnegado profesor, se originaron los primeros trabajos
importantes de Dorothy Crowfoot sobre difracción de
rayos X en moléculas biológicamente importantes. En el
Instituto de Bernal estaban activos al mismo tiempo una
lista de hombres que fueron igualmente famosos posteriormente, como el más tarde Premio Nobel Max Perutz
(Premio Nobel de Química 1962). Esto no pareció perjudicar al propio trabajo de Dorothy Crowfoot. Ella dis-
frutó mucho de la atmósfera y del trabajo de investigación en el laboratorio de Bernal: «Bernal era relativamente joven, relativamente poco conocido y éramos en
total seis doctorandos, de los cuales otros dos eran
mujeres, de modo que era un grupo muy equilibrado» [6].

Dorothy Crowfoot que, de entre los estudiantes de
Bernal, era la que más talento tenía, se quedó sin embargo solamente «dos felices años» en Cambridge. Allí hizo
su doctorado en 1934. Su experiencia en el trabajo sobre
cristales de pepsina con Bernal la devolvió finalmente,
con una beca de investigación, al Somerville College de
Oxford, donde se embarcó en la investigación sobre la
insulina. Durante la Segunda Guerra Mundial Dorothy

Hodgkin-Crowfoot colaboró intensivamente en la explicación de la penicilina y de la vitamina B_{12}. El gran paso adelante lo dio ella en 1949, al publicar sus hallazgos sobre la estructura de la penicilina. En 1956 siguió una publicación de la estructura de la vitamina B_{12}. A estos dos trabajos debe agradecer la científica su Premio Nobel del año 1964.

En el congreso de premios Nobel de Lindau, en el lago Constanza, en julio de 1989, la propia Dorothy Crowfoot narró las emocionantes etapas científicas de su vida de investigadora: «formé poco a poco un pequeño grupo de investigación que se ocupaba del estudio de estructuras cristalinas interesantes hasta la frontera de la resolución a nivel atómico. Comencé con los esteroles, especialmente con el yoduro de colesterol. Justo al principio, Robert Robinson me dio una pequeña muestra de insulina cristalina. Leí todo lo que pude encontrar sobre ello, fui capaz incluso de hacer crecer cristales de tamaño suficiente y tomé con gran excitación los primeros diagramas de difracción. El explicar una estructura de ese tipo sobrepasaba con mucho mi habilidad. Debía trabajar primero necesariamente, con moléculas más pequeñas y me cambié a la penicilina, que Chain y Florey acababan de aislar en Oxford. Al estar finalmente crecidos los cristales en 1943, se sabía ya tanto sobre la molécula que se podían describir estructuras posibles. Recogimos datos de rayos X sobre penicilina de sodio, calcio y rubidio y nos servimos de todas las posibilidades sencillas que se nos ocurrían de cuando en cuando para el cálculo de las densidades de electrones y los factores de estructura. Cuando la guerra terminó en Europa, ya estaba clara la estructura» [7].

[7-8] Dorothy Hodgkin: «Una vida en la Ciencia», Conferencia en el 39 Congreso de Ganadores del Premio Nobel en Lindau en el Lago Constanza, XIII Encuentro de los Químicos, 4-7-1989.

En sus segundas investigaciones, el progreso de la técnica en el campo de los ordenadores vino en ayuda de Dorothy Hodgkin: «Como apoyo en el cálculo de las densidades de electrones mandamos preparar tarjetas perforadas, y con ellas abordamos enseguida nuestra siguiente tarea: la estructura de la vitamina B_{12}, purificada del hígado en 1948, que jugaba un papel en la prevención de la amenia perniciosa. Nuestros análisis los realizamos primeramente con los ordenadores de tarjetas perforadas y eran, consecuentemente, lentos. Cuanto ya habíamos logrado aproximadamente la mitad, el Dr. Kenneth Trueblood nos ofreció probarlo con un nuevo ordenador electrónico en Los Angeles. Con ello, el trabajo salió adelante ostensiblemente más deprisa y en 1955 habíamos descubierto una estructura sorprendente y complicada, que mostraba un sistema de anillos similar a un anillo de porfirina que estaba dispuesto alrededor de un átomo de cobalto: el sistema de anillos de corrina» [8].

La vida profesional posterior de Dorothy Hodgkin tuvo lugar en Oxford en su totalidad. En el año 1937 se convirtió en miembro del Somerville College, con todos los derechos y deberes de un «fellow», sin embargo, no obtuvo una cátedra propia en la tradicionalista Universidad de Oxford. No obstante, la Royal Society sí le dio, en 1960, una cátedra de investigación: la cátedra Wolfson; después de esto, la Universidad de Oxford le concedió un título de catedrática. La bioquímica no vio de ningún modo en esta forma de actuación una intriga masculina: «recibí de otras universidades ofertas de cátedras, donde había suficientes competidores masculinos. La Royal Society simplemente fue más rápida» [9].

[9-12] Grabaciones propias en cinta magnetofónica 1983, ibíd.

Dorothy Hodgkin-Crowfoot, obviamente, no se sintió en ningún momento de su carrera científica limitada o incapacitada por los hombres. Fue elegida como tercera mujer en la Royal Society de Londres, es miembro de la Academia Leopoldina Alemana de Investigadores (Halle) y de otras innumerables academias, así como titular de otras altas distinciones científicas y varios doctorados Honoris Causa. Ella encuentra que hoy en día existen toda clase de oportunidades para estudiantes mujeres en ciencias y las alienta a este estudio: «Cada muchacha que esté verdaderamente interesada en el estudio de Química y Física, debería atreverse tranquilamente a dar este paso y estudiar esa materia. Y cada vez lo hacen más, sobre todo en biología, que se ha vuelto muy interesante, aunque a veces es extremadamente difícil. Por ello, no me preocupo de la situación de la mujer en las ciencias» [10].

El bajo número de mujeres en la ciencia y la técnica, observable tanto antes como ahora, lo reduce la ganadora del Premio Nobel británica a motivos históricos y no a una poca dotación femenina para dichos temas: «no creo en temas masculinos. Además, el duro trabajo de los científicos no capacita necesariamente para las ideas creativas. Y también los hombres, que como científicos producen grandes trabajos, deben emplear una gran cantidad de tiempo de forma complementaria en problemas administrativos. Este tiempo es comparable al tiempo que una mujer pasa con sus hijos y su familia» [11].

No obstante, un compromiso intenso personal en la ciencia y una responsabilidad familiar no son siempre fáciles de combinar. Dorothy Crowfoot conoció estos problemas por propia experiencia: se casó en 1937 con el famoso historiador británico, sociólogo y africanista Thomas Lionel Hodgkin, primo además del Premio Nobel de Medicina Sir Alan Lloyd Hodgkin, y tuvo con

él tres hijos: Luke, Elizabeth y Tobias. El hijo mayor se
hizo matemático, el más joven, botánico, y la hija estudió historia. Pensando en sus propias experiencias, la
profesora Hodgkin opina que es posible para las mujeres
combinar ciencia y familia: «Pienso que una mujer debería, según sus posibilidades, si quiere ocuparse seriamente de las ciencias, preocuparse más de sus hijos que
del hogar y dejar éste a una asistencia, de modo que ella
encuentre tiempo tanto para sus niños como para su
carrera científica. Por suerte yo lo he conseguido» [12].

La ganadora del Premio Nobel Dorothy Hodgkin-
Crowfoot, por tanto, no se vio privada de llevar la
existencia de una esposa y madre completamente normales junto a su actividad científica, tan creativa como
productiva. Se comprometió además sociopolíticamente
y se implicó juntamente con su marido, en algunas
luchas políticas. Su vida como investigadora era todo
menos una existencia solitaria: «Mi vida científica siempre se realizó junto a la de mi marido y nuestros tres
hijos, y con muchas relaciones internacionales. Durante
los años de la guerra, Thomas Hodgkin trabajó como
conferenciante en el movimiento de educación de los
trabajadores y dio conferencias ante los trabajadores de
la industria de armamentos. Más tarde se ocupó de las
sociedades que poco antes se habían hecho independientes, especialmente con Ghana. Yo le acompañaba de vez
en cuando, pero también emprendía largos viajes sólo a
través de Europa, América, URSS, Vietnam, India y
China» [13].

Mientras tanto, la señora Hodgkin trabaja desde hace
tres décadas por la paz en el mundo. Pertenece al
movimiento «Pugwash», una amplia agrupación de científicos del Este y Oeste, que discute en común desde

---

[13] Hodgkin: *Una vida en la Ciencia,* ibíd.

1957 el desarme nuclear. La motivación para el compromiso de la profesora Hodgkins fue la consternación personal sobre el temor a la guerra nuclear: «recuerdo bien el día en que se conoció la noticia del lanzamiento de la primera bomba atómica sobre Hiroshima. Mi esposo y yo estábamos de vacaciones junto al mar con nuestros dos hijos mayores en Allonby. Tenía lugar en la playa una fiesta con una fogata. La aterrante noticia del Japón acabó con la fiesta» [14].

Pero también la atmósfera en la casa paterna de Dorothy Hodgkin-Crowfoot y su posterior relación con la cristalógrafa Kathleen Lonsdale fueron decisivas para su cooperación en el movimiento de paz de los científicos: «A través de la colaboración de mi madre en la Sociedad de Naciones en Ginebra, tuve claro desde pequeña que la paz era necesaria y que se debía trabajar por ella. Por así decirlo, en mí estaba el terreno abonado para el apoyo a los diferentes movimientos de paz, ya antes de la guerra. No obstante, en aquel momento no tenía mucho tiempo para ello, dado que empezaba a enseñar e investigar en Oxford. Mi compromiso creció entonces poco a poco, cada vez más fuertemente, en parte a raíz de la amistad con Bernal, que ya desde 1946 jugaba un papel de primer orden en el consejo de paz mundial; en parte porque Kathleen Londsdale me introdujo en el "movimiento Pugwash". Al principio, todavía no me tomé todo esto muy en serio. Ultimamente sin embargo, me estoy interesando crecientemente en la relación este-oeste» [15].

Dorothy Hodgkin permanece también de una forma simpática, discreta, en su compromiso con el movimien-

---

[14] Dorothy Hodgkin: «Colaborar en beneficio del mundo. Desde el Nobel hasta el Pugwash», en: Hans-Peter Dürr et al: *Responsabilidad por la Paz. Científicos en contra del armamento nuclear*, Hamburgo, agosto 1983, p. 199.

[15-17] Grabaciones propias en cinta magnetofónica 1983, ibíd.

to de paz. A ella no se le ocurre pensar, ni siquiera, que
como química instruida, profesora de universidad y
ganadora de Premio Nobel disponga de conocimientos
especiales de la tecnología de armas y que con ello tenga
un derecho de palabra especial en materia de desarme:
«Soy todo menos una experta en el terreno de la tecnología. Mi propio saber estuvo siempre muy alejado de
estos asuntos especiales, y dado que hay gente muy
entendida, que está mucho más enterada sobre tecnología y control de armas, se lo dejo preferiblemente a ellos.
Por lo que me siento llamada para hacer más por el
movimiento de paz es por el intento de ver cómo piensa
la gente del este y oeste los unos de los otros. Necesita-
mos esfuerzos serios entre este y oeste, para conocernos
mejor mutuamente y para colaborar al servicio de todo
el mundo» [16].

Tanto antes como ahora, viaja por todo el mundo la
ya casi octogenaria —jubilada en 1977 y viuda desde
1982— por causa de la paz. Ha dado charlas en numerosas conferencias Pugwash de los últimos años, colabora
intensivamente en el grupo de trabajo Pugwash contra la
guerra química. Ella tiene la ferviente esperanza de que
sus propios esfuerzos y los de otros científicos tengan
éxito en el entendimiento entre los pueblos y en la
presentación de propuestas positivas a los gobiernos.
Sólo entonces, quisiera disfrutar de más tranquilidad en
su pequeña, destartalada y viejísima casa de campo —de
nombre «Crab Mill»— en el Warwicks inglés, pocos
kilómetros al oeste de Oxford, donde vive con su hija y
su esposo, y donde la televisión y la tostadora son las
únicas concesiones al confort de la vida moderna. Sólo
entonces quisiera Lady Dorothy tomarse más tiempo
para sus hobbys: los largos paseos, la arqueología y,
sobre todo, sus nueve nietos. Sin embargo, todavía se
siente obligada la profesora Hodgkin por su sentido de

la responsabilidad como científica a no cruzarse de brazos: «Como científica, me siento absolutamente responsable. He entrado en esas organizaciones porque los científicos en general se ven envueltos en este tipo de problemas, y opino que las organizaciones científicas deberían intentar oponerse al uso de la investigación científica para el desarrollo de las armas» [17].

Sus memorias, que Dorothy Hodgkin escribe actualmente, deberían por tanto llegar a ser no sólo un legado científico, sino también político.

Rosalyn Yalow
Premio Nobel de Medicina 1977

El Premio Nobel de Medicina de 1977 fue un tributo
al revolucionario auge de la endocrinología en la ciencia
y en la práctica, en la década anterior: la física nuclear
americana, Rosalyn Yalow, obtuvo una de las mitades
del premio «por el desarrollo de los ensayos radioinmunológicos de la hormonas peptídicas», mientras que los
profesores Andrew Schally y Roger Guillemin participaron de la otra mitad del premio «por sus descubrimientos en relación a las hormonas peptídicas en el cerebro».

Yalow utilizó el ensayo radioinmunológico [1] primero
para detectar y cuantificar insulina en el cuerpo humano,
y más tarde otras hormonas peptídicas. Ella compara la
acción de este procedimiento de test en su capacidad de
desvelar y medir sustancias, que antes estaban fuera de
alcance, con el descubrimiento del microscopio. Real-

---

[1] El «ensayo radioinmunológico» es un test de medicina nuclear
para el que también se ha introducido la denominación inglesa en el
uso del idioma alemán (Radioimmunoassay).

mente, el ensayo radioinmunológico es una técnica de análisis extremadamente sensible, con la que se pueden medir las sustancias biológicamente activas en el cuerpo de menor tamaño que de otro modo no serían detectables. Antes de su descubrimiento, para análisis comparables, disponía sólo de bioensayos mucho menos sensibles y más lentos, con los que, por las cantidades en que las hormonas se encuentran en la sangre, apenas se podían medir. El ensayo radioinmunológico trajo, pues, también avances importantes en la diagnosis y tratamiento de enfermedades de la tiroides, diabetes, anomalías del crecimiento, tensión alta y esterilidad.

En la actualidad muchos millones de ensayos radioinmunológicos se realizan anualmente en todo el mundo. Las posibilidades de esta técnica para el futuro no se han agotado ni mucho menos, incluso cuando en su momento, en la justificación oficial de la Fundación Nobel, apenas se citó su aplicación con las hormonas peptídicas. Con la ayuda del ensayo radioinmunológico, se espera poder medir en un futuro toda sustancia presente en la circulación, incluso cuando sólo se disponga de ella en cantidades extremadamente pequeñas. Con ello, se da la posibilidad de diagnosticar en un futuro un gran número de enfermedades previas al desarrollo de un cáncer, a través de la detección a tiempo de pequeñísimas anomalías antes de que se desarrollen los síntomas propios[2].

La doctora Rosalyn Yalow desarrolló la técnica de ensayo radioinmunológico en Nueva York, en el Veterans Administration Hospital en el Bronx, en dos décadas de larga colaboración con el médico Dr. Solomon Berson. El doctor Berson murió a principios de 1972, cinco años antes de la entrega del Premio Nobel. La

---

[2] Véase Graham Chedd: «Premios Nobel 1977. Medicina», en: *New Scientist,* 20 de octubre de 1977, pp. 144 y ss.

doctora Yalow está absolutamente convencida de que hubieran recibido juntos ese honor: «desgraciadamente, no vivió lo suficiente como para compartir conmigo el Premio Nobel, como de otro modo se hubiera hecho»[3]. Rosalyn Yalow, de 55 años de edad a la entrega de dicho trofeo, fue la quinta ganadora de este galardón, la tercera americana y la segunda mujer ganadora en el área de medicina.

La física nuclear, que recibió un Premio Nobel de Medicina aunque nunca había estudiado esa disciplina, encontró el método merecedor del Premio Nobel más o menos por casualidad. Lo descubrió mientras analizaba el destino último en el cuerpo humano de la insulina que se suministra a los diabéticos. Los anticuerpos, producidos como respuesta a la insulina, se ligan a la insulina en la sangre del paciente. Marcando la insulina con yodo radiactivo, Yalow y Berson reconocieron que esas reacciones pueden servir para conseguir un indicador de la insulina.

Yalow y Berson llamaron al nuevo método «Ensayo radioinmunológico» y pronto lo utilizaron no sólo para detectar insulina y calcular sus cantidades, sino también para evidenciar otras hormonas peptídicas. Ambos investigadores desarrollaron con ello no sólo la aplicación clínica, sino también los principios teóricos y matemáticos del ensayo radioinmunológico. Otros científicos, entretanto, han elaborado el método de diversas maneras.

La señora Yalow, actualmente de 69 años de edad *, es la más joven de las ganadoras de Premio Nobel en Ciencias que viven todavía. Tiene cuarenta y seis docto-

---

[3] Véase The Nobel Foundation: *Les Prix Nobel. The Nobel Prizes 1977,* Estocolmo, 1978, p. 239.

* La edad es la correspondiente a 1990, fecha de publicación del original alemán. *(N. de la T.)*

Rosalyn Yalow

rados honoris causa. Hasta 1980 era «Senior Medical
Investigator» en el Veterans Administration Hospital y
al mismo tiempo «Distinguished Service Professor» en el
departamento de Medicina en la Escuela de Medicina
Mount Sinai en Nueva York[4]. Todavía hoy trabaja e
investiga.

Rosalyn Yalow nació el 19 de julio de 1921 en la
ciudad de Nueva York y desde entonces ha vivido y a
trabajado allí, con excepción de algunos años de estudio
en la Universidad de Illinois[5]. Proviene de una familia
emigrante judía. Su madre, Clara Zipper llegó a América
desde Alemania, cón cuatro años de edad. Su padre,
Simon Sussman nació en el Lower East Side de Nueva
York, el crisol de los inmigrantes de Europa oriental.
Los padres, que pasaron penosamente por la depresión
económica llevando a cabo un trabajo circunstancial para
unos parientes ricos, no tenían ninguno de ellos una
educación escolar superior, pero hicieron todo lo posible
por posibilitar a su hijo, y también a su hija, el ir a un
College.

Especialmente la hija pequeña tenía facilidad de aprendizaje: ya podía leer, antes de ir al jardín de infancia, y
esto a pesar de no haber libros en casa. Por ello, ya
pronto iba semanalmente con su hermano, cinco años
mayor que ella, una vez a la semana a la biblioteca
pública para proveerse de lecturas.

La pequeña era no sólo una niña despierta, sino
también tenaz, con fuerza de voluntad y con capacidad
para imponerse. Ya con tres años de edad era difícil que
dejara una cosa que se le había metido en la cabeza.
Tenía la costumbre de sentarse en el camino y de no

---

[4] Este título académico no se da en universidades alemanas.
[5] Véase a este respecto y siguientes The Nobel Foundation, ibíd.,
p. 237.

moverse bajo ningún concepto, cuando quería ir a casa por otro camino que su madre. Rosalyn Yalow se divierte aún hoy con ello: «Simplemente me sentaba, y no había nada que mi madre pudiera hacer, sobre todo cuando se formaba un grupo de personas a nuestro alrededor. Entonces íbamos por mi camino, si no, no hubiéramos vuelto de ningún modo»[6].

Por lo demás, Rosalyn Yalow no se distinguía apenas de otros miles de niños judíos de familias emigrantes: se destacó en el colegio rápidamente, pero jugaba con muñecas y no con juegos de química. Sus padres deseaban que fuera maestra de escuela. Ella tenía planes más ambiciosos: ya con ocho años quería ser científica, llegar al fundamento de las cosas: «Lo que me gusta es la lógica, y esto caracteriza a todas las ciencias»[7].

En la escuela superior se entusiasmó principalmente con las matemáticas y luego con la química. Finalmente se decidió por la física, cuando empezó sus estudios en el Hunter for Women de Nueva York, dado que esta materia parecía la más prometedora: «al final de los años treinta, cuando fui al *College*, la física y especialmente la física nuclear, era el campo más interesante de todos. Parecía como si cada experimento se llevara un Premio Nobel. Eve Curie acababa de publicar la biografía de su madre, Marie Curie, que debería ser obligatoria en la lista de lectura de todas las jóvenes científicas aspirantes. Como Junior en el College, dependía yo del rango superior en la sala 301 de los laboratorios Pupin (una sala de conferencias de la Universidad de Columbia), cuando Enrico Fermi en el año 1939 mantuvo un coloquio sobre la recién descubierta fisión nuclear, la cual no

---

[6] Véase Elisabeth Stone: «A la Mme. Curie del Bronx», en: *New York Times Magazine,* 9 de abril de 1978, p. 1.

[7] Véase Stone, ibíd., p. 1.

sólo tuvo como consecuencia el miedo y temor a la guerra nuclear, sino también el poder disponer a voluntad de radioisótopos para análisis médicos y muchas otras utilizaciones pacíficas» [8].

Las perspectivas de trabajo de Rosalyn Yalow, que aspiraba a una carrera científica como física, eran, a pesar de su evidente capacitación, sus cualidades y su aplicación, extremadamente malas en esos años. Concluyó rápidamente el College y ya había acabado la carrera con veintiún años y medio, es decir: dos años antes que sus compañeros de estudios. Cuando uno de sus profesores preguntó en otra universidad acerca de un puesto de ayudante para ella, obtuvo como respuesta: «Es de Nueva York. Es judía. Es una mujer. Sí, a pesar de esto, usted le puede garantizar una plaza, entonces nosotros la tomamos» [9]. Naturalmente nadie podía dar esa garantía. Rosalyn Yalow opina hoy serenamente: «En los años de la depresión, las mujeres judías no obtenían trabajo en la física».

Así que aprovechó la oportunidad cuando en septiembre de 1940 se le ofreció, gracias a sus conocimientos de mecanografía, un puesto como secretaria a tiempo parcial de un bioquímico en la Universidad de Columbia. Con ello, aún tenía acceso antes del cierre del College, por la puerta trasera, como oyente a los cursos avanzados; sin embargo debía cuidarse de aprender, como complemento a su actividad, taquigrafía. Poco menos de un año después, pudo dejar a un lado el cuaderno de taquigrafía, al serle concedido en la Universidad de Illinois un puesto de ayudante. Fue asignada al profesor Robert Payton, el único hombre de entre los profesores de universidad de allí que colocaba mujeres como ayu-

---

[8] Véase The Nobel Foundation, ibíd., p. 237.
[9] Esta y lascitas siguientes de Stone, ibíd., p. 2.

dantes, porque él, como más tarde explicó, «era el único suficientemente mayor como para que mis motivos no pudieran ser sospechosos».

En la primera reunión de Facultad del College for Engeneering (Escuela de Ingeniería), al que Rosalyn Yalow pertenecía ahora, se dio cuenta de que era la única mujer entre cuatrocientos hombres. El decano de la facultad la felicitó por su trabajo y le dijo que la última mujer se había dado en esas filas en 1917. El nuevo miembro de la facultad, sin embargo, no se equivocó sobre el motivo de su éxito: «es evidente que la partida de hombres jóvenes al ejército, ya antes de la entrada americana en la Segunda Guerra Mundial, posibilitó mi aceptación en la Graduate School (Escuela para graduados)».

Justo el primer día en la Graduate School, Rosalyn Sussman conoció a Aaron Yalow, su futuro marido. Era el hijo de un rabino de Siracusa, en el estado de Nueva York. Aaron Yalow, hoy profesor de Física, experimentó en el encuentro con la Rosalyn de veinte años «interés a primera vista, al menos por mi parte». Parece que el interés fue recíproco porque enseguida ambos estudiantes de física empezaron a salir. No obstante, no se casaron hasta junio de 1943, entre otras cosas por la ley contra el nepotismo de esa como de otras muchas universidades americanas, que prohibía la contratación simultánea de empleados que fueran parientes o estuvieran casados: «no podíamos tener las plazas de ayudante y a la vez estar casados. En realidad nos casamos sólo cuando uno de nosotros recibió una beca».

Sus años de estudio en la Universidad de Illinois, que se solaparon con el período de la Segunda Guerra Mundial, fueron un tiempo lleno de trabajo: Rosalyn Yalow tenía que asistir a cursos avanzados, dar ella ejercicios para los principiantes, llevar a cabo una tesis experimental en física nuclear, que requería muchas horas en el laboratorio, y finalmente, después de su boda, cuidar de su marido y su hogar.

En enero de 1945 aprobó su examen de doctorado. El director de su tesis era un científico de primera fila, el doctor Maurice Goldhaber, posteriormente director de los Brookhaven National Laboratories. Tanto él como su mujer apoyaron y alentaron a Rosalyn Yalow todo lo que les fue posible. También la doctora Gertrude Goldhaber era una física destacada, pero debido a la ley contra el nepotismo, no tenía ningún puesto de trabajo propio en la universidad.

Directamente después de aprobar su examen de doctorado, Rosalyn Yalow regresó a Nueva York sin su marido, cuyo examen de doctorado se había retrasado. Aceptó un puesto de trabajo como ingeniero ayudante en el Federal Telecommunications Laboratory, un laboratorio de investigación de la International Telephone and Telegraph Corporation (ITT). Una vez más, ella era la única mujer, esta vez entre muchos ingenieros. Al abandonar su grupo de trabajo en Nueva York, en 1946, regresó al Hunter College, para enseñar física. Sus estudiantes ya no eran mujeres, sino soldados que volvían de la guerra y querían empezar una carrera de ingenieros.

Entretanto, Aaron también había acabado su doctorado y estaba en Nueva York y los Yalow se trasladaron primeramente a Manhattan, y más tarde al Bronx. El hogar y la enseñanza no satisfacían plenamente a la joven esposa; de modo que se aventuró fuera del trabajo en el terreno de la aplicación médica de radioisótopos, al que encontró acceso a través de su marido, que había empezado a trabajar en el campo de la física médica en el Montefiori Hospital del Bronx. Pronto tuvo tanto manejo con la técnica, que el jefe del laboratorio la recomendó al Bronx Veterans Administration Hospital. En diciembre de 1947, entró como especialista a tiempo parcial. En los tres años siguientes desarrolló un servicio de radioisótopos completo en el Veterans Administration Hospital y, junto con médicos de diferentes secciones de la clínica, puso en funcionamiento una lista de proyectos de investigación. Aunque, al principio, no tenía a su disposición mucho más de un estrecho aposento de portero, publicó en el plazo de tiempo hasta 1950 ocho informes que mostraban la importante relación progresiva entre la investigación y la aplicación clínica de radioisótopos.

En enero de 1950, Rosalyn Yalow dejó su actividad docente y se dedicó completamente al Veterans Administration Hospital en el Bronx, un Hospital del servicio de sanidad del ejército americano para sus miembros, antiguos miembros y sus familias. En el mismo año, llegó también al hospital el internista Dr. Solomon Berson —nacido igualmente en Nueva York— y entre el médico y la física comenzó una colaboración que duró veintidós años, hasta el día de la prematura y sorpresiva muerte de él, el 11 de abril de 1972.

Rosalyn Yalow renunció pronto a la colaboración con otros colegas de la clínica y se concentró completamente en proyectos conjuntos con Berson. Primeramente, ambos analizaron la aplicación de radioisótopos, entre otras cosas, en la diagnosis clínica de enfermedades del tiroides y en la cinética del metabolismo del yodo en el cuerpo. Pronto extendieron su técnica a péptidos más pequeños, las hormonas. La insulina era la hormona de que primero se dispuso, y además en forma purificada. Por la disminución del ritmo de desaparición en la circulación sanguínea de los pacientes tratados, dedujeron que se desarrollaban anticuerpos contra la insulina animal.

Este era un hallazgo totalmente nuevo. Según el

dogma científico de mediados de los años cincuenta, la insulina era una molécula demasiado pequeña como para producir anticuerpos. Alguien tan significativo como el Premio Nobel Linus Pauling había afirmado que a las moléculas por debajo de un cierto tamaño les faltaba la energía para ligarse a los anticuerpos.

Yalow como física y Berson como médico no se dejaron impresionar por este tipo de opinión infundada; ambos eran principiantes en la investigación, sin formación específica en el campo que habían elegido y tenían todo menos una fe ciega en la autoridad. Así descubrieron en el estudio de la reacción de la insulina contra los anticuerpos que habían desarrollado una herramienta que estaba en situación de medir la insulina en la circulación sanguínea. Un par de años más tarde, traspasaron el concepto a la realidad de la aplicación práctica. La propia Rosalyn Yalow fecha el «principio de la era del ensayo radioinmunológico en el año 1959»[10]. No se prevé un final para esta era.

El ensayo radioinmunológico fue —como tantas otras cosas en ciencias— un feliz descubrimiento casual al que se llegó durante el curso de un trabajo de investigación completamente distinto, si no en el desarrollo clínico de la técnica hacia la aplicación rutinaria, al menos en las circunstancias que condujeron a ello. Porque, en una probeta llena de sangre, la insulina está disponible en la misma relación que lo que lo estaría una cucharilla de azúcar en el lago Constanza.

El éxito científico de Yalow y Berson es tanto más asombroso por cuanto que ninguno de ellos era un investigador formado para dicho propósito. Aprendían el uno del otro y eran el crítico más severo para con el otro. Con ello, se complementaban de muchas formas

---

[10] Véase The Nobel Foundation, ibíd., p. 240.

—Berson con su amplio saber clínico y Yalow con su extenso conocimiento de la Física, Matemáticas y Química[11].

Yalow y Berson no sólo descubrieron el ensayo radioinmunológico, se ocuparon de su difusión. Durante los años sesenta lo hicieron aplicable a la diagnosis del gigantismo y del enanismo, así como a distintas clases de tumores. Más tarde desarrollaron un ensayo radioinmunológico para el virus de la hepatitis, un método que hoy se utiliza de forma parecida, como técnica normalizada, en miles de bancos de sangre, para evitar la transferencia de virus hepáticos en las transfusiones de sangre.

En el éxito material del ensayo radioinmunológico, que hoy en día es un negocio de cientos de millones de dólares, Yalow y Berson no han participado en modo alguno, dado que ambos investigadores no se ocuparon de patentar su método; también se negaron en rotundo a dejarse contratar como consejeros por una empresa de instrumentos que obtenía sus beneficios de dicha técnica. Rosalyn Yalow opina de esto: «como empleada suya no hubiera sido nunca más libre de poder decir mi opinión acerca de la política de uso de los procedimientos del ensayo radioinmunológico. Soy conocida por la declaración de que critico el uso exagerado del ensayo radioinmunológico, que también se vende como método de test diagnóstico, cuando en realidad no es muy útil»[12].

Muchos de los que trabajaron con Yalow y Berson en el período de 1950 y 1972 veían a ambos como a un viejo matrimonio. Por ejemplo, el Dr. Jesse Roth, colaborador en los años sesenta, hoy jefe del Departamento de Diabetes en el National Institute of Health (Instituto Nacional de la Salud), relata: «Observando superficial-

---

[11] Véase Joseph Meites: «El Premio Nobel de Fisiología o Medicina de 1977», en: *Science*, 11 de noviembre de 1977, vol. 198, p. 594.

[12] Véase Stone, ibíd., p. 5.

mente, la doctora Yalow jugaba el papel de "chica de los recados". Cuando había que hacer el almuerzo en el laboratorio, ella lo hacía. En los viajes, ella reservaba los vuelos y se ocupaba de que los manuscritos se enviasen» [13].

En cambio Berson, un elegante estilista, era el que redactaba la mayoría de los informes de investigación conjuntos. También era quien se responsabilizaba de la buena marcha de las cosas en el laboratorio. Incluso componía muchas conferencias de Rosalyn Yalow y se enojaba si ella cambiaba alguna palabra. No obstante, la mayoría de las veces, se requería públicamente que hablaran ambos.

La señora Yalow no discute su segundo puesto tras Berson: «yo me acomodaba a las personas en el sentido en que me acomodé a Sol —sólo debían ser mejores que yo... No me importaba dejar a Sol la preferencia, porque Sol tenía ciertamente valía para ser el primero en todas partes. Era un líder en todo lo que hacía, y le hubiera sacado de sus casillas el que yo no me hubiera acomodado. En realidad, con eso no había nada que perder».

Rosalyn Yalow soportó sin rebatirlo cuando diarios renombrados como el «New York Time Magazine» escribieron que la naturaleza de sus contribuciones frente a las de Berson se mostraban como las más descoloridas. Más amigable, y quizá más justo, suena sin embargo el juicio del Dr. Bernhard Strauss, que se unió a ambos en 1950. Opinaba que había dispuesto de Berson «por su brillantez biológica» y de Yalow «por su fuerza muscular matemática»: «Berson era de alguna forma un romántico. La doctora Yalow era pasional, toda una científica y ciertamente de un fuerte carisma».

A la vez que Yalow y Berson encontraban cada vez

---

[13] Véase a este respecto y siguientes Stone, ibíd., pp. 5-8.

más reconocimiento a su trabajo de laboratorio iba creciendo su fama. En los congresos de Medicina, Rosalyn Yalow no quedaba peor que Berson: se decía de ella que «cuanto más público tenía, más se crecía». Al sufrir Solomon Berson repentinamente en abril de 1972 un ataque al corazón, Rosalyn Yalow se convirtió —visto científicamente— en su viuda. Mucha gente pensó que le aguardaba un oscuro futuro y que no sería capaz de organizar el laboratorio.

Los malos presagios no se cumplieron. La señora Yalow siguió investigando indiscutiblemente en los cinco años siguientes, prosiguió con las investigaciones ya iniciadas, empezó otras nuevas y publicó —esta vez sola— mucho más que antes. Entre 1972 y 1976, se le reconocieron en su propio nombre una docena de premios de Medicina, entre ellos el «Albert Lasker Basic Medical Research Award», que obtuvo como primera mujer y que sirvió como una especie de «antesala» para el Premio Nobel.

No obstante el Premio Nobel se quedó aún fuera, aunque se rumoreaba ya de ella, junto con Berson, y ambos habían contado siempre con el premio. Supuestamente la culpa de que entonces no lo obtuvieron era su agresividad en el trato con sus colegas de trabajo [14]. Cuando la señora Yalow, al conocerse los premios Nobel en octubre, de nuevo no perteneció a los afortunados, se cuidó de que su desilusión no se notara. A ese respecto dice su marido: «Su reacción fue solo: "¿Qué más puedo hacer para recibir el premio?"» Obviamente, resultó haber hecho lo correcto: en 1977 finalmente llegó el Premio Nobel de Medicina para Rosalyn Yalow y la científica no desmintió que lo había estado esperando durante años. Hacía ya tiempo que tenía un nombre para

---

[14] Véase Stone, ibíd., pp. 8 y ss.

él —en su argot se llamaba desde hacía años «*the big one*» («el grande»). La señora Yalow no se recató de admitir abiertamente que codiciaba este premio, un hecho que la mayoría de las veces ha sido ocultado vergonzosamente por otros ganadores del Premio Nobel y sobre todo por ganadoras.

No sólo el activo interés de Rosalyn Yalow por el Premio Nobel muestra su perseverancia, su capacidad para imponerse y su falta de respeto a las vacas sagradas. Ya de estudiante era conocida por dichas características: «mi agresividad me hacía buena claramente en ciertos campos»[15]. Su carácter ha contribuido sin duda a sus éxitos en ciencia. Sabía que, si bien el talento era importante para el éxito en la investigación, también debía añadirse el empuje necesario. Porque, según Rosalyn Yalow, «muchas buenas mujeres se pierden. El talento y la agresividad son dos rasgos diferentes».

Sin embargo, Rosalyn Yalow era todo menos una rebelde social. La valiosa científica era no sólo una compañera de Solomon Berson dispuesta al compromiso y una consejera comprensiva, cálida y maternal para con todos los colaboradores del laboratorio, sino también una inteligente esposa y madre que se preocupaba por la armonía: «no quería ser otra cosa que el resto de las mujeres o ir en contra de las costumbres en boga, excepto cuando fuera extremadamente importante para mí. Por ejemplo, mi marido considera importante una cocina según el rito judío. ¿Y qué trabajo supone una cocina según rito judío? Por el contrario, si Aaron hubiera tenido algo en contra de mi trabajo, hubiera ido en contra de mis principios y yo me hubiera rebelado».

Rosalyn Yalow rechaza el ser una feminista, incluso cuando en su día en la recogida del Premio Nobel en

---

[15] Véase a este respecto y siguientes Stone, ibíd., pp. 2 y ss.

Estocolmo, pronunció claramente palabras en esta dirección, ante estudiantes: «Vivimos todavía en un mundo, en el que un tanto por ciento importante de la gente, incluidas mujeres, cree que una mujer pertenece exclusivamente a la casa y desea pertenecer a ella, que una mujer no debería buscar nunca alcanzar otra cosa que sus parejas masculinas y especialmente nada más que su esposo... Pero cuando nosotras, mujeres, queremos alcanzar nuestro objetivo, debemos creer en nosotras mismas. Debemos armonizar nuestros anhelos y aspiraciones con capacitación, valor y voluntad de éxito, y debemos sentir una responsabilidad personal de allanar el camino a quienes vienen detrás»[16].

La doctora Yalow dirige sus ataques enérgicamente contra las reglamentaciones de cupo de mujeres. Ella denomina esas soluciones como «discriminación al revés», que solamente ocasiona el reproche a la falta de competitividad. Ella cree que sus compañeras de sexo pueden exigirse en el trabajo el mismo nivel de entrega que el hombre, sin hacer con ello concesiones en su papel de esposa y madre: «Lo que me irrita es el punto de vista de que, sólo porque trabajas, tu marido debe tomar la mitad de las obligaciones en el mantenimiento de la casa o de criar a los niños. Cuando un esposo quiere hacer cosas *motu proprio,* entonces bien; pero pienso que el mantenimiento de la casa pertenece a la responsabilidad de la esposa»[17].

Ella misma, con sus 70 u 80 horas semanales de trabajo en el laboratorio, crió dos niños: en 1952 nació su hijo Benjamin, que hoy es informático, y dos años más tarde Elanna, que se ha doctorado en la Universidad de Stanford, en California, en psicología educativa. Nin-

---

[16] Véase The Nobel Foundation, ibíd., p. 48.
[17] Véase Stone, ibíd., p. 3.

guno de los dos estudió medicina, a pesar de que su madre lo hubiera visto con agrado.

También en su papel de madre parece que Rosalyn Yalow fue tan eficiente como perfecta: «Benjie nació un sábado, a los dos lunes estaba yo de vuelta en el trabajo. Dado que pensaba que toda mujer debía tener la experiencia de amamantar a su hijo, di el pecho a Benjamin durante diez semanas... Benjie y yo teníamos un pacto de no agresión: el dormía durante el día y permanecía despierto toda la noche, cuando yo estaba en casa... Con Elanna tuve que quedarme ocho días en la clínica. Y después tuve que ir inmediatamente a Washington, para dar una conferencia» [18].

Hasta que Ben tuvo ocho años, los Yalows tenían una asistenta durante todo el día y más tarde durante horas. Ni el hijo ni la hija consideran que su infancia fuera inusual. Sin embargo Elanna se acuerda de que el domingo por la tarde solía acompañar a su madre al laboratorio, para jugar allí con los animales de experimentación. Pero por lo demás su madre no se diferenciaba de otras madres —«por ejemplo en la forma en que nos llevaba a comer y nos gritaba cuando no comíamos».

Cuando sus hijos crecieron, y fueron a la escuela superior, la señora Yalow trabajaba más tiempo en el laboratorio. Regresaba de allí a casa al final de la tarde, cargada de bolsas del supermercado, cocinaba la cena y dos horas más tarde volvía a su trabajo en el laboratorio. Por ello sus hijos tenían más libertad que otros de su misma edad y disfrutaban de ello por completo. No obstante Elanna Yalow, también casada desde hace tiempo, querría establecer su vida de otra forma: «aunque soy más feminista que mi madre, no me siento motivada a demostrar que una mujer puede triunfar en el mundo

---

[18] Véase Stone, ibíd., p. 7.

de los hombres. He visto una carrera femenina de antología, pero también su sacrificio. Yo no emplearía jamás 70 u 80 horas a la semana en el trabajo, como hacía mi madre. Probablemente ella se ha perdido algo del crecimiento de sus hijos».

Rosalyn Yalow opina, sin embargo, que precisamente por posibilitar la separación prematura de la madre facilitó a sus hijos el camino. Además, está orgullosa de haber criado no sólo a sus propios hijos en casa, sino también a algunos niños «del trabajo» en el laboratorio, que viven hoy en día esparcidos por todo el mundo desempeñando muchos de ellos un papel predominante en la medicina clínica. La doctora Yalow se ha esforzado por darles a todos ellos no sólo sus técnicas de investigación, sino también su filosofía de la investigación.

Barbara McClintock

Premio Nobel de Medicina 1983

«He conocido a una gran cantidad de científicos; pero el único genio de verdad entre todos ellos, era Barbara McClintock», dice el genético celular americano Marcus Rhoades de su antigua compañera de trabajo en los tiempos de investigación común en los años veinte[1]. Esta mujer genial recibió, sesenta años más tarde, el Premio Nobel de Medicina y Fisiología, por su descubrimiento revolucionario de los elementos genéticos móviles. El concepto universal, que la señora McClintock descubrió en el maíz, no sólo es válido para plantas, sino para cualquier otra forma de seres vivientes, bacterias, perros, personas.

Ninguna mujer antes, y tampoco después, ha sido reconocida sola con el Premio Nobel completo. A pesar

---

[1] Evelyn Fox Keller: *A Feeling for the Organism. The Life and Work of Barbara MacClintock* («Una sensibilidad hacia el organismo. La vida y obra de Barbara McClintock»), Nueva York, 1983, p. 50.

de todo, el premio para la bioquímica americana parece que ha llegado con mucho retraso y su historia previa tiene algo de cuento científico con un tardío «final feliz». El papel principal, lo juega una sola científica, que prosiguió abnegadamente con sus ideas en el exilio intelectual, desprestigiada y ridiculizada por los otros científicos, hasta que posteriores investigaciones le dieron la razón.

Barbara McClintock obtuvo su Premio Nobel de Medicina por una labor de investigación pionera, que se remonta a más de treinta años, pero cuya importancia no se reconoció entonces. A la señora McClintock le pasó algo parecido como apenas un siglo antes al monje Gregor Mendel, que fundó la teoría de la herencia, pero cuyo pensamiento estaba muy por delante de la comprensión de sus coetáneos. Cuando Barbara McClintock presentó a sus colegas en el simposio de Cold Spring Harbar, en el año 1951, los resultados de su intenso trabajo de años introduciendo el término de «*controlling elements*» (elementos de control) en los genes del maíz, provocó solamente encogimientos de hombros e hilaridad.

La incomprensión de sus colegas no estaba motivada sólo porque se tratara de un «descubrimiento precoz»[2], y además de una suposición casi escandalosa, que no había manera de encajar en el pensamiento de la época y que, aparte, casi nadie entendía. A ello se añadió que faltaba la lengua apropiada para describirlo. Sobre esto dice Barbara McClintock: «uno debe acordarse que en ese tiempo expresiones técnicas apropiadas eran difíciles

---

[2] Véase Marcus Rhoades: «Barbara McClintock. Una apreciación». En: *Maydica* XXXI, 1986, p. 3; también Gunther S. Stent: *Paradoxes of Progress* (Paradojas del Progreso), San Francisco, 1978, pp. 95 y ss.

de encontrar»[3]. Sólo una generación de biólogos muy posterior consiguió dar con la terminología correspondiente.

El trabajo de la señora McClintock se encontró por ello con dudas considerables: ¿era de alguna manera posible que una sola persona pudiera llevar a cabo el trabajo ímprobo que debía realizarse para el descubrimiento de elementos genéticos móviles en el maíz, en el plazo de seis años? La científica, sin embargo, trabajó directamente durante ese tiempo, de una forma inimaginable. La suerte del investigador principiante le había dado alas: sus primeros trabajos sobre los cromosomas del maíz en los años veinte y treinta habían encontrado reconocimiento rápidamente, y ella siguió trabajando entusiasmada. Cuando su investigación, en los años cincuenta, mostró resultados no convencionales para aquel tiempo, cesó su éxito y se tropezó con resistencia.

Barbara McClintock, propiamente, observó en los descendientes de plantas de maíz propiedades que no estaban en consonancia con los conocimientos genéticos precedentes: las semillas ya no eran únicamente amarillas, sino que se diferenciaban de maneras diversas en su aspecto exterior. La investigadora encontró toda una gama de colores, desde el tostado, rosa, amarillo blanco hasta el punteado y veteado. También la forma externa cambiaba y era encogida, oval, lisa o redondeada. Estos cambios no permanecían ni mucho menos estables en la segunda generación, sino que podían perderse y ser sustituidos por otros. La conclusión y genial trabajo de Barbara McClintock fue reconocer como causa de esto a los elementos genéticos móviles, que dentro de un cro-

---

[3] Véase Horace Freeland Judson: «The Eigth Day of Creation. Makers of the Revolution in Biology» («El Octavo Día de la Creación. Los que han hecho la revolución en Biología»), Londres, 1979, p. 461.

Barbara McClintock

mosoma saltan de un lado a otro y de ese modo activan o desactivan genes. Esta llamada «transposición» no se correspondía en modo alguno con las leyes genéticas de Mendel, que entretanto se habían elevado a la categoría de dogma.

La indiferencia del mundo técnico hacia los entonces revolucionarios descubrimientos de McClintock se entiende hoy solamente cuando se piensa lo poco que se sabía al principio de los años cincuenta sobre la información genética: la estructura del ácido desoxirribonucleico, el ADN, o sea de la molécula portadora de la información genética, era aún en aquel tiempo totalmente desconocida. El postulado de un elemento genético móvil infringía además imperdonablemente la representación reinante de una estructura rígida de la molécula portadora de la información genética y de la localizabilidad de los genes.

Unicamente dos décadas más tarde, se reconoció la labor pionera de la señora McClintock, cuando otros científicos hallaron en otros objetos de investigación, las bacterias, que el material genético puede cambiar. La definición del gen como unidad rígida se demostró como falsa. Debía hacerse ver que la flexibilidad genética y la variabilidad no son sólo una curiosidad del maíz, sino una característica real de la herencia.

Con el establecimiento de las técnicas biomoleculares de principios de los años setenta, llegó el tardío prestigio científico de Barbara McClintock, que tras otros diez años encontró, con la entrega del Premio Nobel en 1983, con ochenta y un años de edad, su última coronación.

Aunque los trabajos de la bioquímica americana eran revolucionarios, Alfred Nobel no había pensado en la recompensa a ancianos, cuando en 1895, en su testamento, legó expresamente el premio a jóvenes científicos que se esforzaran por obtener reconocimiento. La señora

McClintock no correspondía a esta descripción en absoluto. Incluso, había sobrepasado en un cuarto de siglo la no corta edad media de las ganadoras del Nobel, 56 años.

Su retrasado Premio Nobel es además la demostración reiterada de que los comités del Nobel nunca incluyen en el reparto del premio a nombres poco conocidos, por no hablar de controvertidos. La mayoría de las veces también se tarda unos diez años entre un descubrimiento importante y su recompensa en Estocolmo. El que Barbara McClintock esperara incluso tres veces más, tiene que ver con que la investigadora debió también esperar largo tiempo el reconocimiento de sus propios colegas, tras su precoz hallazgo que no se tenía prisa por aclarar en su tiempo: para la señora McClintock la atención prestada por el mundo profesional tras su revolucionario hallazgo fue nula.

Su aislamiento científico subsiguiente, que duraría años, se acentuó posiblemente por la circunstancia de que era una mujer quien había encontrado los elementos genéticos móviles en el maíz. En lugar de buscar nuevas formas para el reconocimiento de su descubrimiento científico, Barbara McClintock eligió el éxito interior por desilusión. Cesó de publicar trabajos científicos en revistas especializadas y dejaba los resultados de sus análisis solamente para los informes anuales de su institución. Durante años, eludió toda conferencia sobre el asunto, salvo cuando sabía que contaba con partidarios entre el público. Este tipo de comportamiento se explica hoy por los psicólogos como falta de «instinto asesino» y de capacidad para imponerse, características que son clasificadas como propias de mujeres.

Barbara McClintock, sin embargo, no se resignó inmediatamente. No sólo en 1951, sino también en 1956 sostuvo imperturbablemente sus ideas de los elementos

genéticos móviles ante sus colegas. Ellos, sin embargo,
no podían ni querían entenderla, no sólo porque sabían
demasiado poco de la genética del maíz, que en ese
tiempo no era un tema de investigación muy popular,
aunque también debido a ello.

En 1960, al mostrar Barbara McClintock en un artículo de una revista el estrecho paralelismo entre el sistema
publicado poco antes por los franceses François Jacob y
Jacques Monod y sus propios descubrimientos, encontró
poca atención, ni siquiera por parte de Jacob y Monod.
Ambos científicos franceses se abstuvieron siquiera de
mencionar a la investigadora del maíz americana en un
artículo de revisión sobre su investigación, publicado
por ellos poco después de esto; «un descuido lamenta-
ble», como ellos lo llamaron posteriormente [4]. Jacob y
Monod fueron premiados ya en 1965 por su trabajo
sobre los mecanismos regulares genéticos en bacterias.
Barbara McClintock tuvo que esperar aún dieciocho
años.

Diez años más tarde se hicieron nuevos y sorprenden-
tes hallazgos en la investigación de bacterias, que revalo-
rizaron la tesis de McClintock sobre los elementos genéticos móviles en el maíz. Entonces, finalmente, el mundo
especializado no se demoró más con el reconocimiento
oficial: en 1978, la Universidad Brandeis entregó su
premio Rosenstiel a la señora McClintock; en 1979,
siguieron doctorados honoris causa de las universidades
Rockefeller y Harvard; en 1981, el premio Mac Arthur
Laureate, unido a una beca anual de 60.000 dólares para
toda la vida; en el mismo año, además, el premio Lasker,
que vale como antesala del Nobel de Medicina; en 1982
el premio Horwitz de la universidad de Columbia y, en

---

[4] Judson, ibíd., p. 461.

1983, finalmente, el superpremio científico, el Premio Nobel.

En el «tranquilo» período de tiempo para ella que fue desde la mitad de los años cincuenta hasta el final de los setenta, Barbara McClintock no escondió su investigación científica, a pesar del decepcionante rechazo del mundo profesional, sino que siguió trabajando de firme. La fuerza para ello procedía de su entrenamiento en su juventud temprana, cuando igualmente había seguido su camino, sin dejarse alterar por nada ni por nadie. Su talento para arreglárselas sola e imponer ante todo su independencia estaba presente en ella desde pequeña, pero no había sido una solitaria en absoluto en sus años jóvenes.

Nacida el 16 de junio de 1902 en Hartford/Connecticut como tercera hija de una familia de la costa este, Barbara McClintock no se crió hasta el comienzo del colegio con sus padres, sino con un tío y una tía en Massachusetts, lejos de casa. Barbara McClintock se acuerda aún llena de orgullo que en aquel entonces «no echaba en falta su casa en absoluto»[5]. La razón para ello se encontraba en la delicada relación con su madre, una mujer refinada y dominante de la más antigua cuna de la costa este americana, que «debido a su estado» se había casado con un joven médico que aún no había terminado sus estudios, emigrantes de segunda generación, y que ahora intentaba superar las dificultades de la creciente familia en situación económica acuciante con lecciones de piano. La señora Sara McClintock se vio sin duda desbordada por los rápidos nacimientos de sus hijos y apenas pudo dedicar la atención necesaria a su tercera hija, sobre todo cuando, dos años y medio más tarde, nació el deseado hijo varón.

---

[5] Keller, ibíd., p. 20.

Su puesto en la lista de hermanos marcó emocionalmente a Barbara McClintock para toda su vida: la relación con su madre permaneció distante, incluso cuando
la pequeña regresó a casa; la niña de seis años no se dejó
coger ni una sola vez en los brazos de su madre[6]. Hoy
en día, Barbara McClintock justifica la circunstancia de
que fuera tan pronto una niña solitaria e independiente
por sus tensiones tempranas con su madre. Obviamente,
el que fuera la favorita de su padre no ayudó mucho[7].

Sara y Thomas McClintock mostraban hacia sus hijos
una liberalidad poco usual en aquel entonces: sus preferencias, tendencias e intereses tenían preferencia sobre
todo lo demás. Cuando, por ejemplo, Barbara y sus
hermanos no querían ir al colegio, no tenían por qué
hacerlo. En el seno de esta familia, la escuela ocupaba un
lugar de poca influencia en la maduración de los niños.
El padre de Barbara dejaba clarísimo a la administración
del colegio que sus hijos no debían traer deberes a casa:
seis horas de colegio al día las tenía, como médico, por
más que suficientes.

La propia Barbara McClintock se acuerda que, de niña
y jovencita, no tenía amigas, sino sólo amigos. Por
motivos prácticos, ella iba por ahí vestida como un
chico. Sus padres no tenían nada en contra de esto, y
tampoco en contra de sus tendencias hacia los deportes
masculinos, en los que ella pronto fue capaz de competir
con todos los chicos. Sara y Thomas McClintock defen-
dieron la actuación y el comportamiento de su hija
contra todos los reproches del vecindario.

En el Erasmus Hall High School en Brooklyn en
Nueva York, Barbara McClintock descubrió las ciencias,
especialmente las Matemáticas y la Física, y su alegría al

---

[6] Keller, ibíd., p. 22.
[7] Keller, ibíd., P. 35.

resolver problemas delicados empezó a desarrollarse. Ella misma describe esta experiencia: «Resolvía algunos de los problemas de una forma que no correspondía a las respuestas que el profesor esperaba. Entonces rogaba al profesor: "¡por favor, déjeme ver si también encuentro la respuesta normal!" y la encontraba. Era un placer violento todo este proceso de encontrar la respuesta, realmente un verdadero placer»[8].

Mientras la chica, ya crecida, desarrollaba claras aspiraciones intelectuales y su anterior pasión por el deporte se transformaba en hambre de saber, mamá McClintock se enfrentaba a varios temores: tuvo que educar sola a sus hijos durante un tiempo, porque su marido fue enviado como médico militar en la Primera Guerra Mundial a ultramar, y temía por Barbara, al igual que por sus otras dos hermanas mayores, que mucha educación disminuyera sus posibilidades de matrimonio. En el caso de su tercera hija parecía que todo era aún peor: «ella tenía miedo de que yo pudiera llegar a ser profesor de universidad en cualquier parte», recuerda Barbara McClintock, «una de esas extrañas personas que no pertenecen a la sociedad»[9]. Pero los padres McClintock, que habían instruido a sus hijos desde el principio en el camino de la autodeterminación, no pudieron detener la decisión de Barbara de hacer estudios universitarios: en 1919 se matriculó en la facultad de Agronomía de la Universidad de Cornell.

Este paso, aunque nuevo en la familia, ya no era inusual en los EE.UU. A partir del cambio del siglo, se había puesto de moda en este país la educación superior para mujeres. Sólo en Nueva Inglaterra había cinco colleges femeninos, y numerosas universidades admitían también a mujeres.

---

8 Keller, ibíd., p. 26.
9 Keller, ibíd., pp. 26 y ss.

Especialmente, la ciudad universitaria Cornell en los bosques del estado de Nueva York, a 300 kilómetros de la ciudad del mismo nombre, absorbió a un gran número de mujeres jóvenes altamente motivadas. En el año 1923, cuando Barbara McClintock se graduó, un tercio de los títulos que entregó la Universidad de Cornell, fue para mujeres. En la facultad de Agricultura, uno de cada cuatro era una mujer.

Barbara McClintock estaba entusiasmada con Cornell: «había muchas cosas que aprender en el college, que en aquel entonces no se aprendían fuera. Te encontrabas con gente de todos los grupos y clases sociales; se adquirían conocimientos sobre gente procedente de todas partes, el college era realmente un sueño» [10].

Al comienzo de su época de college, también floreció la vida social de Barbara McClintock. Tenía muchos contactos, era invitada frecuentemente y consignó diversos cargos honoríficos. Pero la esperanza de su familia de que Barbara encontrara una vida como esposa y madre, no se satisfizo. Para ella, ese tipo de vida no tenía ningún interés: «Me acuerdo de que me sentí emocionalmente atraída por algunos hombres, pero eran artistas en uno u otro sentido, no científicos... Esas relaciones no se hubieran mantenido, ninguna de ellas. Simplemente, no existía la fuerte necesidad de una relación personal con nadie... Nunca pude entender el matrimonio. Aún hoy no lo entiendo. Nunca tuve la sensación de necesitarlo» [11].

Igualmente, tampoco necesitó jamás los atributos externos de la belleza femenina: poco después, cuando ya hacía tiempo que no estaba de moda, llevaba el pelo corto por razones prácticas, y en el trabajo en los

---

[10] Keller, ibíd., pp. 31 y ss.
[11] Keller, ibíd., p. 34.

campos de maíz, los pocos elegantes pantalones de golf.
Renunció desde su juventud a hacer eso que ella deno-
minaba «decorarse el torso»[12].

No era el objetivo de una carrera profesional lo que
mantenía libre a Barbara McClintock de ataduras personales: «me acuerdo que hacía lo que quería, y que no
había ningún pensamiento en absoluto acerca de una
carrera. Simplemente pasé una temporada maravillosa»[13].

Esta maravillosa temporada fue, obviamente, al mismo tiempo, muy instructiva: ya a finales de su tercer año
de carrera estaba la joven estudiante muy bien encamina-
da para llegar a ser una científica profesional, y esto
incluso cuando nunca antes en su familia se había dado
un interés especial por la ciencia. Fue invitada personalmente por el genético de su facultad, Professor Doctor
C. B. Hutchison, a asistir a curso de genética para graduados y con ello obtenía extraoficialmente el estatus de
un graduado. Esta especial invitación cambió su futuro,
ya que permanecería siempre en la genética. Al mismo
tiempo, asistía, cuanto podía, a botánica, zoología y
citología. Ya en aquel entonces, le entusiasmaba especialmente ocuparse de células y cromosomas.

McClintock renunció pronto, cada vez más y más, a
relaciones superficiales y actividades fuera del estudio.
Así, también dejó de participar en un Jazz-Combo de
estudiantes, en el que había tocado el banjo: «no podía
quedarme hasta tarde por la noche y luego dormir lo
suficiente»[14]. La bioquímica se convirtió en la pasión
que le absorbía, junto a la que sólo tenía lugar un

---

[12] Keller, ibíd., p. 17.
[13] Keller, ibíd., p. 34; para el historial científico de Barbara McClintock. Véase también The Nobel Foundation: *Les Prix Nobel. The Nobel
Prize 1983,* Estocolmo, 1984, pp. 171-173.
[14] Keller, ibíd., p. 37.

partido de tenis de vez en cuando: «estaba tan interesada en lo que hacía que apenas podía esperar por las mañanas a levantarme y ponerme con ello» [15].

Su obsesión científica fue pronto tan lejos que, un día, al final de un examen concluido brillantemente, no se podía acordar de su nombre y necesitó veinte minutos largos hasta que lo encontró en su memoria» [16].

Barbara McClintock tuvo en Cornell con sus profesores una suerte manifiesta. Estaba muy contenta de que se pudiera conocer de cerca a los profesores y también se pudiera hablar con ellos fuera de las clases y seminarios. Tenía una relación especialmente buena con Lester Sharp, un profesor de citología del departamento de botánica, que daba a Barbara McClintock lecciones particulares los sábados por las mañanas en las técnicas de análisis de células. Más tarde él fue su director de tesis y ella su primera ayudante. Ya siendo estudiante graduada, podía trabajar de forma independiente en citología. En esto Sharp le daba vía libre por completo, prestándole, sin embargo, todo su apoyo.

En este momento, Barbara McClintock acababa ya de apuntarse un primer éxito de investigación: como ayudante científico del citólogo Lowell Randolph, había desarrollado un método para la identificación de los cromosomas del maíz, con cuya ayuda se podía distinguir cada uno de los cromosomas en la dotación cromosómica de cada célula; seguiría usando este método toda su vida. La persona que le había entregado el trabajo, que se había ocupado del mismo problema infructuosamente durante largo tiempo, parecía estar todo menos encantada con la súbita suerte como investigadora de su joven colaboradora [17].

[15] Keller, ibíd., p. 70.
[16] Keller, ibíd., p. 36.
[17] Véase Marcus Rhoades: «The Early Years of Maize Genetics»

Poco después de esto, comenzó la colaboración científica fructífera de McClintock con el, entonces doctorando, Marcus Rhoades, que más tarde llegaría ser un genetista de primera línea. También él investigaba cromosomas del maíz y no la estructura genética de la mosca drosofila, como era costumbre en aquel entonces. El genetista y más tarde Premio Nobel de Medicina del año 1958, George Beadle, que se había criado en los campos de maíz de Nebraska, pronto colaboró como tercero en la coalición hasta el año 1935. Barbara McClintock era la fuente de inspiración del pequeño grupo investigador, que aún hoy ve este período como el más importante en todas sus vidas. Mucho más de cincuenta años después, Marcus Rhoades sigue enamorado de McClintock: «yo amaba a Barbara, ¡era magnífica!»[18].

Sin embargo, no se acogía en todas partes con simpatía a la joven científica: la mayoría de sus colegas tenían a Barbara por muy lista, pero muchos de ellos, también, por algo difícil. Rhoades tiene una explicación para ello: «Barbara no podía soportar a los tontos, ¡era demasiado inteligente!»[19]. La verdad es que McClintock era rápida de entendimiento, lo que se emparejaba con un agudo ingenio y manifestaba cierta impaciencia hacia aquellos cuyo intelecto no reaccionaba rápidamente.

La investigación genética con el maíz supone un duro trabajo en el campo, donde el maíz debe ser plantado, bien tratado y cuidado. Las plantas pequeñas necesitan mucho calor para poder desarrollarse bien y riego continuo, porque no deben secarse nunca. A pesar de eso, los días en los campos de experimentación de Cornell se cuentan entre los más felices y más fructíferos científica-

---

(«Los primeros años de la genética del maíz»), en: *Ann. Rev. Genet.,* 1984, p. 21.

[18] Keller, ibíd., p. 50.
[19] Keller, ibíd., p. 50.

mente de Barbara McClintock. Su primer artículo sobre
la genética del maíz data del año 1926. Solamente entre
los años de 1929 a 1931, publicó otros nueve informes
con sus resultados de investigación sobre la forma de los
cromosomas y sus éxitos al establecer una relación entre
ciertas propiedades de las células de maíz y ciertas
propiedades genéticas del maíz. El informe que la hizo
definitivamente conocida apareció en agosto de 1931, en
«Proceedings of the National Academy of Sciences», a
tiempo para el sexto Congreso Internacional de Genética.

A pesar de todo, Barbara McClintock no podía pensar
en ese momento en una carrera científica continuada.
Era el tiempo de la Gran Depresión y, debido a la
escasez de plantas en los laboratorios, las mujeres tenían
aún menos oportunidades, de acuerdo con la situación
general de la mujer en esa época. Ni en Cornell, ni en
ningún otro lugar había una ocupación apropiada y
pagada para la joven investigadora del maíz. Durante
una temporada, trabajó sin ningún sueldo; vivió con
estrecheces dos años, gracias a una beca del National
Research Council; en 1933, fue con una beca Guggen-
heim a Alemania, un país que encontró frío, lluvioso,
políticamente adverso y que abandonó prematuramente.

Incluso durante los tres años siguientes, Barbara Mc-
Clintock no encontró, al contrario que sus colegas masculinos, un puesto fijo, a pesar de su excelente cualificación y su reputación creciente en los años treinta. Siguió
trabajando en su viejo laboratorio en Cornell, era pagada
por recomendación de aquella universidad con dinero de
la Fundación Rockefeller. A principios del año 1936, se
le abrió finalmente una puerta: aceptó una oferta como
profesora ayudante en la Universidad de Missouri en
Columbia, donde permaneció —no especialmente contenta— hasta 1941.

Su fama de difícil y excéntrica creció durante ese tiempo. Se le echaba en cara el despreciar la enseñanza a estudiantes de los semestres iniciales, así como los trabajos rutinarios, y el estar interesada sólo en la investigación. A un hombre se le hubiera quizá perdonado dicho comportamiento, pero para ella, como mujer, no había ningún perdón para tanta independencia.

Barbara McClintock expresó su tendencia a lo no convencional tanto en el estilo y los intereses de su trabajo como en la manera de buscar controversias teóricas directas en la ciencia. Los artículos que escribía se caracterizaban por el contrario por una atención extremada en la interpretación, y una delicada y precisa observación, que mantenía lo más altos estándares de la nueva biología [20]. Marcus Rhoades llega aún más lejos y la acredita por la «típica precisión y elegancia» de sus publicaciones [21].

Cuando Barbara McClintock abandonó Missouri en 1941, dejó el único y más ambicioso empleo que había tenido hasta entonces, sin tener otro en perspectiva. Sólo un año después obtuvo, por recomendación de un colega influyente, un puesto en el departamento de genética de la Carnegie Institution en el idílico Cold Spring Harbor de Long Island, a una hora de coche de Nueva York. Por fin le fue ofrecido un sueldo regular, que ella necesitaba a pesar de toda la sobriedad y modesto modo de vida, además una plaza, donde podía criar su maíz, un laboratorio de investigación para su trabajo y un hogar propio —y esto sin obligaciones de enseñanza, trabajo de administración y enfados de Facultad.

No obstante, al principio Barbara McClintock tuvo dificultades para aceptar la oferta. Lo explica así: «Yo en

---

[20] Keller, ibíd., p. 100.
[21] Rhoades: *Barbara McClintock,* ibíd., p. 2.

aquel tiempo no tenía claro si quería un empleo... No quería atarme, porque disfrutaba de la libertad, y no la quería perder» [22]. Finalmente se ató y encontró, como «*Staff Member*» (miembro en plantilla) de Cold Spring Harbor, fuera del entorno académico habitual, un nicho ecológico de interés vital en la tierra de investigación americana, sin obligaciones académicas —por suerte para ella y la ciencia americana.

El año 1944, trajo grandes honores para Barbara McClintock y demostraciones visibles de su creciente prestigio en su campo: primero fue elegida como tercera mujer en la National Academy of Sciences (Academia Nacional de Ciencias) americana. Ella comentó escuetamente en aquel entonces: «debo admitir, que estaba asombrada. Los judíos, las mujeres y los negros están acostumbrados a la discriminación y no esperan mucho. No soy ninguna feminista, pero estoy agradecida siempre que se rompen barreras ilógicas en favor de judíos, mujeres, negros y demás. Nos ayuda a todos» [23]. Aun más debió asombrarle a la investigadora, que entretanto había cumplido ya los cuarenta y dos años, el segundo cargo honorífico del mismo año: su elección como presidente de la Sociedad Genética de América, cargo hasta entonces no había sido ostentado por ninguna mujer.

Justo en ese tiempo, la señora McClintock empezaba el trabajo que la conduciría finalmente a su gran lanzamiento, los componentes genéticos móviles, más tarde también llamados *jumping genes*, es decir, «los genes móviles». Sus observaciones desde los primeros inicios hasta las últimas conclusiones, duraron seis años, y el camino no estuvo libre de obstáculos. Al final obtuvo

---

[22] Keller, ibíd., p. 108.
[23] Keller, ibíd., p. 114.

una montaña de papel, gruesos libros con datos sobre cada una de las plantas de maíz y un voluminoso manuscrito en tres partes.

Hizo públicos sus resultados en el Simposio de Cold Spring Harbor de 1951 y su desafortunada primera aparición nuevamente en 1956, con la misma mala acogida. Su fracaso fue un golpe amargo para ella, que hasta entonces —aunque no querida por todos— había sido reconocida y respetada; la solidaridad de algunos pocos amigos, aliados y colaboradores no pudo aliviar esta desazón.

El abismo entre los descubrimientos de Barbara McClintock y el saber de sus colegas era profundo: se enfrentaba la nueva visión de los elementos genéticos móviles autorreguladores del organismo con el concepto heredado del gen como unidad hereditaria fija e inmutable, que a lo sumo puede estar sometido al azar.

Pero no sólo las nuevas ideas de McClintock pusieron en dificultades a los genéticos de su tiempo; tampoco entendían su forma de expresarse [24]. No es de extrañar que la señora McClintock trabajara durante seis años casi completamente aislada sobre su nuevo sistema y durante treinta años se dedicara a la investigación del maíz sin contactos especiales con colegas ni trabajar con estudian-

---

[24] Respecto a esto dice el genetista de Colonia Prof. Dr. Peter Starlinger, quien trabajó desde la mitad de los años sesenta sobre la así llamada «transposición» y que conoce a la señora McClintock por su estancia como joven becaria de investigación en Cold Spring Harbor: «Yo mismo fui ya advertido en 1952, en Tübingen, sobre la importancia de los trabajos de McClintock y desde entonces he estudiado una y otra vez su trabajo clásico de 1951 y lo he discutido con mis estudiantes. Creo que la he llegado a comprender, y su aportación sigue siendo hoy en día de gran importancia para nuestro trabajo. Sin embargo, debo decir también que McClintock no es especialmente fácil de entender y por eso puedo imaginarme bien el que no suscitara grandes discusiones, cuando era citada de palabra». (En una carta del 19 de julio de 1989 a la autora).

tes. Sus conocimientos sobre el maíz eran extremadamente íntimos y básicos, pero también muy especiales en
algunos aspectos, porque habían sido adquiridos en total
aislamiento y sin el adiestramiento verbal a través de las
discusiones científicas. Barbara McClintock había desarrollado con ello una forma de observación, que apenas
le era posible realizar a los profranos y tampoco a los
biólogos de su tiempo.

Dado que con la observación de años sabía más sobre
el maíz, podía ver más en sus células. Un requisito para
ella era, «que se debe tener tiempo para ver, paciencia
para oír lo que el material le dice a uno, sinceridad, para
dejarlo volverse él. Pero sobre todo debe tenerse una
sensibilidad hacia el organismo. Debe poder compren-
derse cómo crece, entender sus partes, entender cuando
algo va mal. Un organismo no es un trozo de plástico, es
algo, que continuamente se ve influido por el entorno.
Se debe prestar atención a todo esto y conocer las
plantas lo suficientemente bien como para notar cuando
algo ha cambiado» [25].

Para Barbara McClintock las plantas son individuos,
personalidades: «se debe tener una sensibilidad para cada
planta. Nunca dos plantas son iguales. Todas son diferentes; y se deben conocer las diferencias... Yo conozco
cada planta del campo. Estoy familiarizada con cada una
y encuentro un gran placer en conocerlas» [26].

Los sutiles que eran las relaciones de la señora Mc-
Clintock con las plantas como una forma de lo vivo, lo
muestran sus sentimientos de culpabilidad: «cada vez
que corro sobre la hierba me da lástima, porque sé que la
hierba me grita» [27].

---

[25] Keller, ibíd., p. 198.
[26] Keller, ibíd., p. 198.
[27] Keller, ibíd., p. 200.

La joven, flaca y vivaracha investigadora de antaño, se ha vuelto una anciana y frágil señora con gafas de redondos cristales, ojos bondadosos y sabios y una cara llena de arrugas de reír, marcada con las huellas del tiempo. A más de un joven biólogo molecular de hoy, que con métodos físico-químicos avanzados arremete directamente en el tubo de ensayo contra material genético, debe parecerle Barbara McClintock que todavía investiga en el exterior, como Mendel en el jardín de su convento, para su estudio sobre la apariencia externa de las plantas, un ser de la edad de piedra. Ya a James Watson, el posteriormente Premio Nobel de Medicina de 1962, le pasó eso. Como estudiante al final de los años cuarenta en Cold Harbor sabía sólo de Barbara McClintock por una vez que estaba jugando con sus amigos al béisbol y la pelota cayó en sus campos de maíz [28]. Y tanto antes como ahora insiste la señora McClintock en su método y en su creencia inamovible en la legitimidad de la naturaleza, que sirve para descubrir e investigar.

Para Barbara McClintock la ciencia era y es su vida. Cuando supo que había recibido el Premio Nobel, consideró «realmente injusto, el premiar a una persona por haber disfrutado tanto durante esos años, por "pedir" a las plantas de maíz que "leyeran" ciertos problemas y luego observar su respuesta» [29]. Aunque ahora ya McClintock tiene noventa años de edad, aún observa.

---

[28] Keller, ibíd., p. 165.

[29] Jeremy Cherfas y Steve Conor: «How restless DNA was tamed» («De lo incansablemente que el ADN fue domesticado»), en: *New Scientist,* 13 de octubre de 1983, p. 79.

En este punto quiero agradecer cordialmente al Prof. Peter Starlinger del Instituto de Genética de la Universidad de Colonia su amistosa ayuda y revisión de mi manuscrito sobre Barbara McClintock.

Rita Levi Montalcini

Premio Nobel de Medicina 1986

Por primera vez después de tres años, el rey de Suecia
pudo entregar nuevamente el 10 de diciembre de 1986
un Premio Nobel a una mujer: la doctora Rita Levi-
Montalcini, ganadora del Premio de Medicina, irrumpió
agradablemente en el grupo del resto de los hombres
premiados. La esbelta premiada, de entonces setenta y
siete años de edad y con ello la segunda en edad
ganadora del premio en la historia de los premios Nobel
femeninos, era la estrella de esta fiesta del Nobel en
Estocolmo.

Dos días antes había presentado un informe en el
Instituto Carolino sueco en unos fuegos de artificio de
inglés con acento italiano, no sólo sobre su descubrimiento del factor de crecimiento de los nervios, sino
también sobre su investigación actual. La señora Levi-
Montalcini, que comparte el Premio Nobel de Medicina
de 1986 con el bioquímico americano Stanley Cohen de
la Universidad de Vanderbilt en Nashville, es la novena

ganadora de un Nobel en Ciencias y la cuarta del de Medicina, que en los hasta ahora 89 años de la entrega del Premio Nobel, logra dichas altas consagraciones científicas. Hasta ahora, es la única italiana que ha conseguido el codiciado trofeo científico. Sin embargo, los EE. UU. pueden también contar a la señora Levi-Montalcini, con todo el derecho, entre su contingente de ganadores del Premio Nobel, dado que posee igualmente la nacionalidad americana y ha llevado a cabo sus trabajos más importantes en los EE. UU.

Los descubrimientos honrados con el preciado trofeo tenían, en el momento de la distinción en Estocolmo, más de dos décadas. Su importancia determinante se ha cristalizado en los últimos años; sobre todo a través de los intensos esfuerzos por explicar el origen del cáncer, los factores de crecimiento se colocan en el punto central de interés. Los hallazgos que fueron distinguidos con el Premio Nobel de Medicina de 1986, son de una importancia básica para la comprensión de los mecanismos de control que regulan el crecimiento de células y tejidos. El modelo de este proceso era ya conocido de mucho antes. Pero Rita Levi-Montalcini y Stanley Cohen pudieron mostrar cómo se produce el crecimiento de las células y su diferenciación en diferentes sentidos: la comunicación entre cuerpo y células nerviosas ocurre por medio de sustancias señalizadoras tipo hormona, altamente activas, las dos primeras de las cuales fueron descubiertas por ellos: los llamados «factor de crecimiento de los nervios» y «factor de crecimiento de la piel».

El comité del Premio Nobel justificó el premio dado a los descubridores de las sustancias mensajeras por el gran interés científico básico y práctico de sus descubrimientos: «como consecuencia directa de ello, tenemos ahora un mayor entendimiento de las causas de ciertos procesos patógenos, por ejemplo, la formación de mal-

formaciones, defectos hereditarios, mutaciones degene-
rativas como la demencia senil, defectos en la curación
de daños en tejidos y enfermedades tumorales, entre
otros. La investigación de los factores que controlan el
crecimiento celular, será por ello de gran importancia en
los años próximos, tanto por el desarrollo de mejores
métodos de tratamiento, como de medicamentos»[1].

Rita Levi-Montalcini se dedica desde hace medio siglo
a la biología celular y de desarrollo. El que viera cara a
cara a la investigadora en la entrega del Premio Nobel en
Estocolmo, olvidó en un abrir y cerrar de ojos todos los
clichés que pudiera haber oído sobre las mujeres científicas. A éstas les precede la fama de ser ratones de
biblioteca grises y trabajadores, que consideran una
pérdida de tiempo la vida superflua y con lujos. La
juvenilmente ágil médico soltera, por el contrario, que
vive en Roma con su hermana gemela, una conocida
pintora, era de una notoria elegancia romana y justo lo
contrario de una sabihonda retraída y con mala presen-
cia. Ataviada por el modisto italiano Roberto Capucci,
que crea para la aristocracia y la nobleza del dinero, se la
hubiera supuesto más bien, con su melena plateada, sus
maneras altivas y sus gestos temperamentales, en un
Palazzo italiano. En el marco de las festividades de
Estocolmo, recibió también la corte que pudo, rodeada
de su clan familiar de sobrinos, sobrinas y parientes de
todas las edades.

La hija, nacida el 22 de abril de 1909, de un acaudala-
do ingeniero de Turín —junto con su hermana gemela
Paola, la más joven de los cuatro hijos de Adamo Levi y

[1] Colección Nobel en el Instituto Carolino, Información de Prensa
13-10-1986, p. 1; para la biografía personal y científica de Rita Levi-
Montalcini. Véase también The Nobel Foundation: Les Prix Nobel.
The Nobel Prizes 1986, Estocolmo, 1987, pp. 277-278.

Rita Levi-Montalcini

Adele Montalcini— supo ya de niña con certeza lo que
quería. Al final de los años 20, cuando se decidió a
estudiar medicina, había que tener valor, incluso para
una mujer de posición burguesa y cultivada, para tomar
una decisión así y Adamo Levi no estaba precisamente
contento con la resolución de su hija. Ella misma dice
que su experiencia personal de enfermedad y muerte la
había conducido a esa entonces poco frecuente determinación. También contribuyó su falta de vocación para
someterse al acostumbrado papel de esposa y madre:
«con veinte años me decidí por fin a decirle a mi padre
que no tenía ninguna gana de ser esposa y madre, sino
que prefería estudiar medicina. Mi niñera acababa de
morir de cáncer, y un año más tarde murió también mi
padre de un ataque al corazón. Eso me llevó inevitable-
mente a la medicina» [2].

Rita Levi-Montalcini fue una de las siete mujeres que
en los años treinta, junto con 150 compañeros masculinos, estudiaron Medicina en Turín. Esta ciudad del
norte de Italia parecía ser un centro de futuros premiados, dado que alrededor del profesor Guiseppe Levi,
que a pesar del parecido en el nombre, no estaba empa-
rentado con ella, se construyó un pequeño grupo de
estudiantes brillantes, del que salieron, aparte de la
señora Levi-Montalcini, otros dos premios Nobel de
Medicina, Salvadore Luria (1969) y Renato Dulbecco
(1975).

En el año 1936, Rita Levi-Montalcini hizo su doctorado en Medicina con la nota «summa cum laude» y
comenzó acto seguido una especialización de tres años
en neurología y psiquiatría. Trabajó dos años como
médico ayudante en la Clínica Universitaria de Neurolo-

---

[2] Grabaciones propias en cinta magnetofónica del 8-12-1986 en
Estocolmo, traducido del inglés.

gía y Psiquiatría en Turín. El que ella al final tuviera que dejar el trabajo práctico como médica y dedicarse a la investigación médica se debe a la confusión política de esa época, mejor dicho, a su apellido judío: «Mussolini me prohibió trabajar en el ejercicio de la medicina. El me privó, por sus leyes raciales, de la decisión de si debía ejercer o prefería investigar; no hubiera podido ejercer jamás, incluso aunque lo hubiera deseado: no podía ni siquiera firmar mis propias recetas» [3].

Por suerte, el mundo especializado extranjero ya había prestado atención a los trabajos de investigación de Rita Levi-Montalcini. Así pudo abandonar Italia en 1938 y aceptar una invitación en Bélgica en el Instituto de Neurología de la Universidad de Bruselas, donde trabajó dos años. Con la invasión alemana de Bélgica, no le quedó más remedio que regresar a Turín. Imperturbable por las alarmas de bomba, cortes de corriente eléctrica y carencias materiales, continuó allí, en su diminuta vivienda propia, en un pequeño espacio al lado de su cama, sus investigaciones, que se habían inspirado en un artículo del americano Viktor Hamburguer del año 1934. «Al ser invadida Bélgica por los alemanes, tuve que volver a Turín. Me dispuse un laboratorio en mi propia habitación, un cuarto muy pequeño, donde realicé una gran cantidad de trabajo» [4].

Finalmente la científica huyó de la lluvia de bombas de Turín al campo piamontés, e improvisó allí, en una pequeña casa, un mini-laboratorio, donde continuó trabajando de 1941 a 1943. Muy frecuentemente, Rita Levi-Montalcini se quitaba el desayuno de la boca, para mejor meterlo en su incubadora. La investigadora podía consu-

---

[3] Grabación de cinta magnetofónica, ibíd.
[4] Grabación de cinta magnetofónica, ibíd.

mirlo unos días después, cuando ya había preparado cuidadosamente el embrión de pollo del huevo incubado.

Los huevos eran la base de la investigación de Rita Levi-Montalcini. Los necesitaba porque implantaba células cancerígenas de ratones en los jóvenes embriones de pollo, para poder estudiar allí el desarrollo del sistema nervioso.

Entonces ya era conocido que el tejido implantado puede excitar el crecimiento de las células nerviosas. Y Rita Levi-Montalcini pudo demostrar finalmente con sus embriones de pollo inoculados con células cancerígenas que el tejido nervioso embrional crece desmesuradamente. Ella concluyó de esto que del tumor salía una sustancia que favorecía el crecimiento de las células nerviosas.

La judía Rita Levi-Montalcini no podía publicar en Italia los primeros indicios en este sentido. Por ello, los primeros informes de investigación aparecieron en la revista belga *Archives de Biologie* [5]. Estos informes fueron leídos también por el antiguo padre intelectual de sus investigaciones, el bioquímico americano Viktor Hamburguer, en St. Louis, Missouri, que a raíz de esto invitó a la joven científica a su laboratorio del departamento de zoología en la Universidad de Washington, la misma universidad en la que Gerty-Theresa Cori obtuvo su Premio Nobel de Medicina en 1947. También el objeto preferente de investigación de Hamburguer eran los embriones de pollo, en los que implantaba esbozos de extremidades para observar su posterior desarrollo nervioso.

En otoño de 1947, Rita Levi-Montalcini pudo final-

---

[5] *Archives de Biologie,* tomo 53, p. 537, 1942; tomo 54, p. 198, 1943; tomo 56, p. 71, 1945.

mente aceptar la atractiva oferta de ultramar. Hasta
entonces, trabajó primero como médico —tras la salida
de las tropas anglo-americanas y hasta el final de la
guerra— en un campo de refugiados del ejército americano; luego, durante dos años, como ayudante científico
en el Instituto de Anatomía de la Universidad de Turín.

Al principio se planeó una estancia de siete meses en
los EE. UU. Se convirtieron en treinta años, en los que
ella colaboró intensamente con Viktor Hamburguer. En
1951, descubrió en su laboratorio el factor de crecimiento de los nervios, que abrió un campo de investigación
totalmente nuevo, en el que ella trabaja aún hoy. En el
mismo año, Rita Levi-Montalcini se convirtió en profesora ayudante en St. Louis; siete años más tarde, en el
año 1958, obtuvo allí su primera cátedra, en la facultad
de Zoología.

Al igual que otros investigadores antes que ella, Rita
Levi-Montalcini intentó primero investigar la base material de las fuerzas que hacen crecer las células nerviosas
durante el desarrollo en su órgano-objetivo, en el animal
vivo. Su investigación dio un viraje decisivo cuando
apartándose de la senda acostumbrada, dejó de estudiar
el crecimiento de las células nerviosas en embriones,
para concertrarse en nervios aislados en cultivos de
tejidos. Esto era en aquella época un adelanto poco
ortodoxo: hacia 1950 se lograba una difícil empresa,
si se mantenía tejido aislado en cultivo y se lo hacía
crecer. Pero Rita Levi-Montalcini estaba convencida
desde el principio de que hacía lo correcto. Muchos años
más tarde escribió respecto a esto: «El cultivo de tejidos
(que a principios de los años cincuenta estaba muy lejos
de la universalidad actual) parecía una útil alternativa
que ofrecer. Propiamente, cuando el sarcoma 180 (un
tumor que aparece en los ratones) expulsa un factor que
refuerza el crecimiento de los nervios, entonces el culti-

vo común de tumor y ganglio simpático aislado debería conducir al mismo resultado» [6].

La investigadora preparó nervios periféricos de embriones jóvenes de pollo que crecían desde la médula espinal a la superficie de la piel, los rodeó en la placa de cultivo a una distancia de algunos milímetros con trocitos de tejido de un tumor de tejido conjuntivo del ratón y rodeó todo esto de un medio alimenticio tipo gel. Después de pocos días, destacaron del nervio numerosas prolongaciones de células nerviosas, como los rayos de un sol.

La suposición se apoyaba en que debía de existir una molécula soluble, que era emitida por las células del tejido conjuntivo y excitaba a las células nerviosas a crecer en longitud y a la ramificación. Con gran paciencia y constancia buscó la bióloga celular italiana esta molécula activa. La encontró y en 1954 dio a la sustancia encontrada el nombre de «factor de crecimiento de los nervios». Algunas de las propiedades de la sustancia eran ya conocidas en esa época. La caracterización química, sin embargo, estaba aún inconclusa. Rita Levi-Montalcini dice sobre esto: «el descubrimiento de que el tumor ejerce su influencia potenciadora del crecimiento también sobre ganglios aislados en el cultivo de tejidos era el punto crítico de nuestra investigación. Entonces pudimos probar en pocas horas numerosos tejidos, líquidos y productos químicos, para encontrar la fuente de la actividad potenciadora del crecimiento y pudimos atrevernos a aislar el factor de crecimiento de los nervios» [7].

La ayuda vino del joven bioquímico americano Stanley Cohen, que había logrado en San Luis, Missouri,

---

[6] Rita Levi-Montalcini y Piero Calissano: «The Nerve Growth Factor» («El factor de crecimiento de los nervios»), en: *Scientific American,* tomo 240, pp. 44-53, 1979.

[7] Rita Levi-Montalcini: *The Nerve Growth Factor*, ibíd.

aislar la molécula potenciadora del crecimiento. Debía hallar si el factor de crecimiento de los nervios estaba hecho de albúmina o de ácido nucleico, o sea, de un trocito de material genético. Cohen trató un extracto de tumor de ratón con veneno de serpiente e identificó así el compuesto potenciador del crecimiento como una molécula de proteína. Esta molécula representa, como se sabe hoy, el factor de crecimiento de los nervios en todos los vertebrados.

Después de que el factor de crecimiento de los nervios fuera aislado químicamente, Rita Levi-Montalcini y Stanley Cohen persiguieron su acción fisiológica en una serie de animales de laboratorio: inyectaban la sustancia en ratones recién nacidos. Sus ganglios se volvían después de esto diez veces más grandes que los de los animales de control. Los anticuerpos, que se habían sintetizado contra el factor de crecimiento de los nervios, conducían por el contrario a la inhibición de los ganglios tras su inyección.

Poco después, Stanley Cohen descubrió en la parótida de los ratones macho otra fuente fértil importante del factor de crecimiento y, con ello, otra sustancia portadora importante del sistema nervioso, el «factor de crecimiento de la piel». Este compuesto acelera, entre otras cosas, la curación de heridas en la piel y en la córnea, en el que excita la multiplicación de células epiteliales.

Desde entonces se han encontrado alrededor de veinte factores de crecimiento más, entre ellos los factores de crecimiento de las plaquetas, células del tejido conjuntivo y linfocitos. Especialmente interesante en los factores de crecimiento es la circunstancia de que obviamente juegan un papel en la formación del cáncer: entre los genes cancerígenos identificados hasta ahora se encontraron también genes que determinan la formación de los factores de crecimiento. Si son activos en un momento poco apropiado, estos genes del cáncer pueden contribuir a causar, como mínimo, el crecimiento del cáncer.

Esto ha suscitado nuevos interrogantes a Rita Levi-Montalcini y Stanley Cohen. Ambos científicos han permanecido fieles hasta hoy a la investigación básica sobre factores del crecimiento. Su colaboración fue sin duda muy fructífera y les ha proporcionado un reconocimiento mundial ya desde antes del Premio Nobel conjunto: solamente la señora Levi-Montalcini ha conseguido dos cátedras, una en EE. UU. y otra en Roma, ocho doctorados honoris causa, de los que tres son americanos, uno sueco, uno inglés, uno argentino y uno brasileño; la calidad de miembro en numerosas entidades científicas de renombre, así como un número estimable de condecoraciones científicas y premios; entre ellos, en 1982 el premio Rosenstiel de la Universidad de Braudeis y, en 1983, el premio Horwitz de la Universidad de Columbia; premios que unos años antes había obtenido en su caso también Barbara McClintock, ganadora del Premio Nobel de Medicina de 1983 y la predecesora directa de Rita Levi-Montalcini, en obtener ese galardón.

La biografía científica de Rita Levi-Montalcini revela no sólo la actividad incansable de la bióloga celular italiana, sino también sus esfuerzos por ligar fructíferamente la investigación de su patria y el país anfitrión. Tras su cátedra desde 1958 hasta 1961, en la facultad de Zoología en la Universidad de Washington, dirigió en los ochos años siguientes un programa de investigación conjunto italoamericano de la Universidad de Washington y el Instituto Estatal de Higiene Pública en Roma. Durante los siguientes años se mantuvo igualmente activa en su patria y en el país anfitrión: de 1969 a 1979 tuvo una cátedra en la Facultad de Biología en la Universidad de Washington y fue directora del recién fundado laboratorio para biología celular del Consejo de Investigación Nacional Italiano en Roma. Desde su jubilación en los EE. UU., en el año 1977, se dedica, como actividad profesional principal, a su trabajo de investigación en el laboratorio romano.

Desde 1987, Rita Levi-Montalcini puede continuar su trabajo neurológico en un nuevo instituto, que ha sido un tributo del estado italiano a su Premio Nobel. Naturalmente, se ocupa de experimentos e investigaciones sobre la acción del factor de crecimiento de los nervios descubierto por la señora Levi-Montalcini. En el punto central del interés está ahora la influencia posible del factor de crecimiento de los nervios no sólo en los nervios periféricos, que han sido largamente objeto de la investigación, sino en el sistema nervioso central.

El sistema nervioso central es realmente más importante que los nervios periféricos, dado que los procesos degenerativos del sistema nervioso central tienen una mayor trascendencia, conducen a la enfermedad de Alzheimer y a la demencia senil. Las primeras investigaciones se alimentan con la esperanza de que el factor de crecimiento nervioso pueda quizá algún día detener esos procesos y ayudar terapéuticamente a reparar los daños en el sistema nervioso y el cerebro, que hoy en día son incurables en muchos casos.

El trabajo de este joven Instituto de Neurobiología en el sector norte de la capital italiana está dirigido por un viejo colaborador de la ganadora del Nobel, el profesor Pietro Calissano. No obstante, nominalmente preside el instituto la profesora Levi-Montalcini, de ochenta años de edad, como «profesora invitada e investigadora a tiempo completo», y se la puede ver allí casi a diario.

El camino hasta allí es largo. Rita Levi-Montalcini vive aún con su hermana, una pequeña y gruesa dama, con una apariencia externa opuesta a la de la ganadora del Nobel, en el último piso de un edificio en las cercanías de Villa Massimo. Incluso después del premio, ella no ha cambiado su estilo de vida habitual. Del dinero que obtuvo de Estocolmo —alrededor de 300.000 marcos alemanes—, ha donado una parte para la nueva sinagoga a orillas del Tíber. A veces, aunque no muy frecuentemente, se la ve pasear por allí.

Si no es así, Rita Levi-Montalcini, como antiguamente, cuando debía llegar a su viejo laboratorio en las cercanías de la Piazza del Popolo, justo lindante con la Roma barroca, atraviesa regularmente media ciudad en su pequeño Fiat de camino al instituto; algún que otro policía del camino conoce la temperamental manera de conducir de la anciana señora. Ahora en su ancianidad conserva íntegra su pasión por la ciencia, como reflejan sus recientemente aparecidas memorias *Elogio dell'imperfezione* [8], en las que muestra resumidamente su vida y su saber científico.

El título «Elogio de la imperfección» tiene menos que ver con su propia vida que con su pensamiento sobre la vida en general: la profesora Rita Levi-Montalcini elogia en su vida la imperfección de la naturaleza humana, que según su opinión da a las personas sus riesgos especiales, pero también sus oportunidades en la vida y además integra todo lo que somos, por lo que sufrimos y por lo que nos alegramos. Tras esta representación se encuentra el concepto tan querido por los biólogos, que remite a los tiempos de Darwin, de deficiencia antropológica, por el que el hombre está mucho menos dotado biológicamente para la lucha por la vida que por, ejemplo, una cucaracha, que como una especie de perfecta maquinita está mucho mejor adaptada a sus condiciones de vida. El hombre, por el contrario, es variable y debe poner todas

---

[8] Rita Levi-Montalcini: *Elogio dell'imperfezione*, Roma, 1988.

sus fuerzas intelectuales en funcionamiento, para equilibrar su déficit biológico y resistir los peligros de la vida.

Rita Levi-Montalcini es ya un monumento: la investigadora italiana, nacida en la primera década de este siglo, no sólo realizó un trabajo pionero en biología celular, sino que también fue una de las primeras mujeres en ciencias. Sin embargo, como ella dice, no ha conocido nunca la discriminación femenina como científica: «nunca me he sentido discriminada como mujer en ciencia, aunque muchas mujeres sí que hablan de ello. Por el contrario, yo siempre he sido bien acogida por mis colegas masculinos. La comunidad científica me ha aceptado como un hombre. Como mujer, no he tenido ningún problema, de ninguna clase»[9].

La señora Levi-Montalcini también opina que no es difícil en absoluto para las mujeres encontrar su camino en ciencia y a pesar de ello conservar su identidad como mujer, quizá incluso ser esposa y madre. Por una parte, a ella le parece importante elegir la pareja adecuada para compartir la vida, y por otro lado invertir también la suficiente entrega en el asunto y asimismo conservar el valor en los tiempos difíciles, como ella misma lo hizo bajo el régimen fascista. Su consejo a las jóvenes científicas o a aquellas que quieran serlo, es muy simple: «no temas jamás a nada, tampoco al futuro. Cuando hagas algo, hazlo del todo y no a la mitad y además piensa bien con quién quieres compartir tu vida. Entonces conseguirás, si así lo quieres, ¡ser esposa, madre y científica a la vez!»[10].

---

[9] Grabación de cinta magnetofónica, ibíd.
[10] Grabación de cinta magnetofónica, ibíd.

Gertrude Elion

Premio Nobel de Medicina 1988

La cadena de ganadoras del Premio Nobel de Medicina americanas no parece querer romperse: en el año 1988, la farmacóloga Gertrude Belle Elion recibió un Premio Nobel de Medicina, como ya anteriormente lo habían conseguido Rita Levi-Montalcini (1986), Barbara McClintock (1983), Rosalyn Yalow (1977), así como décadas antes, Gerty Theresa Cori (1947). La premiada más joven —que en el momento de su homenaje tenía setenta años de edad y estaba jubilada hacía cinco años— compartió la mitad del premio con su colega de 83 años de edad George Herbert Hitchings, con el que había colaborado estrechamente desde 1944 en los «Wellcome Research Laboratories», en el Research Triangle Park de Carolina del Norte. La otra mitad del premio fue para el inglés Sir James Black, del King's College de Londres.

El comité del Nobel condecoró a los tres investigadores por sus «descubrimientos de importantes principios de tratamientos médicos [...] principios, que tuvieron como consecuencia el desarrollo de series de nuevos medicamentos». Los descubrimientos están basados en décadas de análisis del metabolismo de células sanas y enfermas, que ya parcialmente desde los años cincuenta permitían un tratamiento médico de las enfermedades más variadas, por ejemplo leucemia, malaria, gota y herpes. Por otra parte, ayudaron por primera vez con éxito a contener las reacciones de rechazo del cuerpo en trasplantes de órganos» [1].

Sólo rara vez se ha concedido un Premio Nobel por investigaciones que tuvieran una relación tan estrecha con la práctica médica cotidiana. El último homenaje de este tipo fue para el italiano Daniele Bovet, por su descubrimiento de las antihistaminas. El Premio Nobel a Gertrude Elion era también una ruptura con la tradición del momento en cuanto a que no recompensó la investigación médica en una universidad, sino que, entre otros, fue para dos valiosos investigadores de la industria, lo que, tanto antes como ahora, es la excepción. Sus colegas opinaron entonces que la señora Elion —aunque ya antes había sido condecorada con galardones científicos y doctorados honoris causa— no había pensado jamás que pudiera ser considerada para este premio [2]. Esto no es sorprendente, debido a que el trofeo de Elion llegó después de treinta años de sus propios descubrimientos, es decir, con un retraso temporal en Estocolmo por encima de la media.

Trudy Elion, nacida el 23 de enero de 1918 en Nueva

---

[1] Véase aquí, entre otros, Gertrude Elion: «The Purine Path to Chemotherapy» («El camino de la purina hacia la Quimioterapia»), en: *Science,* vol. 244, 7 de abril de 1989, pp. 41-47 (Conferencia del Nobel, 8-12-1988); también: The Nobel Foundation: *Les Prix Nobel. The Nobel Prizes 1988,* Estocolmo, 1989, pp. 262-288.

[2] Véase Steve Connor et al: «Drug Pioneers win Nobel Laureate» («Pioneros en medicamentos ganan el Premio Nobel»), en: *New Scientist,* 22 de octubre de 1988, pp. 26 y ss.

York, hija del dentista Robert Elion y de Bertha Cohen, se ha autodenominado alguna vez como «la feliz víctima de la depresión»[3]. En el tiempo de extrema dificultad económica de los años treinta, corrió la misma suerte que sus colegas del Nobel Theresa Cori, Maria Göppert-Mayer y Barbara McClintock: todas tuvieron que hacer un gran esfuerzo para entrar en la ciencia. La joven química, que tras una brillante carrera abandonó el Hunter College en 1937 y que en 1941 en la Universidad de Nueva York realizara un excelente examen farmacéutico, tuvo que ponerse a trabajar antes de que pudiera terminar su tesis doctoral. Tuvo grandes dificultades en la búsqueda de empleo. Durante un tiempo enseñó Física y Química en colegios, después trabajó en el laboratorio de una gran multinacional de alimentación, donde probaba el contenido de ácido de los pepinillos en vinagre y cuidaba de eliminar las frutas enmohecidas de producción de mermelada[4].

Pero entonces, en el año 1944, en el último tramo de la Segunda Guerra Mundial, la situación en el mercado de trabajo se relajó y Trudy Elion se benefició de que sus colegas masculinos fueran llamados a desempeñar las importantes tareas de la guerra. Las grandes firmas estaban gracias a ello, dispuestas a emplear mujeres y de repente Trudy Elion tuvo varias ofertas interesantes, de entre las que podía elegir una que correspondiera a su cualificación y gustos: desde que, siendo colegiala, presenció la muerte de su abuelo que murió de cáncer de estómago, quería trabajar en la investigación contra el

---

[3] Véase, ibíd., p. 26.
[4] Véase a este respecto y siguientes Katherine Bouton: «The Nobel Pair» («El Par Nobel»), en: *New York Time Magazine,* 29 de enero de 1989, pp. 28 y ss; también Jean L. Marx: «The 1988 Nobel Prize for Physiology or Medicine» («El Premio Nobel de Fisiología o Medicina»), en: *Science,* vol. 242, 28 de octubre de 1988, pp. 516 y ss.

Gertrude B. Elion

cáncer. De modo que se decidió por los «Wellcome Research Laboratories», el departamento de investigación de una gran multinacional farmacéutica. Gertrude Elion permaneció fiel a su nuevo patrono cerca de cuarenta años, hasta su jubilación. Sus amigos creen que es la única mujer que ha estado activa tanto tiempo en un puesto de responsabilidad en el laboratorio de una empresa farmacéutica.

Su comienzo en la industria farmacéutica tuvo lugar un sábado por la mañana en junio de 1944, cuando la Trudy Elion de entonces, de 26 años de edad, se puso su mejor vestido, abandonó la casa de sus padres en Nueva York, en el barrio del Bronx, y tomó el tren para Tuckahoe, para visitar a un cierto Dr. George Hitchings de la «Burroughs Wellcome Company». Hitchings ya trabajaba en aquel entonces desde hacía dos años en el negocio y buscaba una ayudante. Explicó a la atractiva joven de flameante cabello pelirrojo que se presentaba ante él, en una larga conversación, los pormenores de su propio trabajo en el laboratorio y qué tareas le llegarían por ello a una ayudante. Hitchings se acuerda de que inmediatamente se entusiasmó con la decisión e inteligencia de Elion: «ella quería cincuenta dólares a la semana y yo encontré que los valía» [5]. La señora Elion se divierte aún hoy por el hecho de que fuera ella realmente quien fijara el sentido de la entrevista de trabajo: «en realidad fui yo quien le entrevistó a él» [6].

De todos modos, Hitchings no se abstuvo por ese motivo de contratar a la joven Gertrude Elion, aunque existiera oposición en el seno del propio laboratorio: la química allí empleada, Elvira Falco, desaconsejó a Hit-

---

[5] Véase Bouton, ibíd., p. 81.
[6] Véase Bouton, ibíd., p. 80.

chings que contratara a esta nueva colaboradora porque iba demasiado bien vestida...

No pasó mucho tiempo y Trudy Elion trabajaba en el laboratorio de Tuckahoe. Su cuarto estaba en un piso distinto que el de Hitchings y por ello se encontraban frecuentemente en la escalera. El laboratorio era entonces pequeño y el estilo de trabajo informal. Los científicos subían y bajaban corriendo los escalones para intercambiar ideas y ocurrencias. Hitchings estaba siempre un paso por delante de Elion, y cuando él tomaba un encargo nuevo, entonces ella continuaba el anterior. Sin embargo, el tipo de laboratorio y la forma de ser de ambos investigadores hacía que Hitchings y Elion cooperaran donde fuera posible.

Ya antes de que Hitchings entrara al servicio de la «Burroughs Wellcome» este científico había reflexionado sobre si sería posible, a través del cambio selectivo de compuestos químicos importantes para los procesos vitales, el cambiar el tipo y forma de crecimiento celular, para inhibir con ello la reproducción de células no deseadas. Pensaba en sustancias que actuaran selectivamente, es decir, que afectaran a las células cancerígenas, pero que respetaran a las sanas. Hitchings ya había hecho progresos en esta dirección cuando Trudy Elion empezó a trabajar para él. Ambos científicos concentraron entonces totalmente su trabajo en común en estos procesos, por los cuales son sintetizados los materiales de los ácidos nucleicos, los nucleótidos. Produjeron enlaces que influían en la síntesis de los nucleótidos y con ello en el ácido desoxirribonucleico (ADN).

Al final de los años cuarenta y principio de los cincuenta, se desarrollaron dos inhibidores de la síntesis del ADN, que son conocidos como antimetabolitos, con algunas propiedades prometedoras como medicamentos para el cáncer. Especialmente uno de los agentes activos, la «6-Mercaptopurina», que Gertrude Elion había desarrollado, mostró en ensayos clínicos en el Sloan-Kettering-Institut en Nueva York, una influencia positiva en pacientes con leucemia. «Por la "6-Mercaptopurina" supimos que teníamos la pista apropiada», dice hoy la señora Elion[7]. El medicamento es utilizado realmente aún, en combinación con otros preparados para el tratamiento de la leucemia aguda.

Los inhibidores de la síntesis de los ácidos nucleicos son operativos en la quimioterapia del cáncer, porque las células deben duplicar su ADN, para poderse dividir. Las sustancias inhibidoras son tóxicas. Dado que las células cancerígenas se dividen rápidamente, responden mejor a la acción de dichas sustancias que las sanas, más lentas en dividirse. Hoy en día esta relación es conocida en general; sin embargo en los años cuarenta, cuando Hitchings y Elion comenzaron sus investigaciones, aún se sabía poco sobre ácidos nucleicos. Justo entonces, se empezaba a reconocer al ADN como portador de la información genética. En esa época no se tenía absolutamente ninguna experiencia en la quimioterapia del cáncer.

La «Mercaptopurina», el medicamento para la leucemia, que Trudy Elion había encontrado, se reveló como bueno, pero finalmente como no suficientemente bueno. Trudy Elion visitaba a veces a pacientes que tomaban la «Mercaptopurina». La mayoría eran niños y la tasa de recaída era alta. «Esto nos producía una angustiosa opresión en el estómago», dice ella hoy acerca de esto[8]. Así que continuó la búsqueda de sustancias antileucémicas más activas. Empleó seis años en analizar el metabolismo de las «Mercaptopurinas» en las personas y trató

---

[7] Véase Marx, ibíd., p. 516.
[8] Véase Bouton, ibíd., p. 86.

de extraer de ello el por qué la sustancia no permanecía largamente activa en el cuerpo. No obstante, no encontró una variante activa a largo plazo de su medicamento.

Mientras que la señora Elion buscaba mejorar la «Mercaptopurina», llegó a la solución completamente inesperada de otro problema: Descubrió una forma modificada de la «Mercaptopurina», que más tarde fue denominada «Imuran». Esta era la primera sustancia que inhibía y evitaba la reacción autoinmunitaria en el cuerpo que provocaba el rechazo del tejido extraño después de un trasplante. El primer paciente que se benefició de la acción del «Imuran» fue un perro Collie de nombre «Lollipop» al final de 1960, al que le fue implantado en la Escuela de Medicina de Harvard, un riñón nuevo. Vivió con él 230 días, y su muerte no tuvo que nada que ver con el trasplante.

Los trasplantes de riñón en persona resultan igualmente un éxito con ayuda del «Imuran». Aunque ahora existe una nueva sustancia más activa para el rechazo de reacciones autoinmunitarias, la «ciclosporina», el «Imuran» se utiliza tanto antes como ahora. Además también sirve para combatir una forma de artritis reumática, que posiblemente sea causada igualmente por el sistema inmunitario cuando —por error— ataca al tejido del propio cuerpo; una muy grave, pero afortunadamente rara, enfermedad.

Los éxitos de venta farmacéuticos, sin embargo, fueron otras sustancias desarrolladas por Elion y Hitchings como variantes de la «Mercaptopurina»: así como el «Allopurinol», descubierto en los años 60 como medio contra el exceso de ácido úrico y hoy medicamento generalizado contra la gota; diez años más tarde y hasta ahora no superado, el «Aciclovir», que se aplica en todo el mundo contra el herpes; la «Pirametamina» contra la malaria y la «Trimetoprima» contra infecciones de las vías respiratorias. Incluso el medicamento contra el Sida «Acidotimidina», aunque no fue sintetizado por Elion y Hitchings funciona de acuerdo a los principios que en su día éstos formularon.

Sin duda, Elion y Hitchings son los dos farmacólogos que en las últimas cuatro décadas han contribuido con más éxito a combatir enfermedades ampliamente extendidas. Sin embargo, el descubrimiento en sí, posteriormente desarrollado con mucha dedicación y cuidado, data de mucho tiempo atrás. No sin razón dijo una fuente autorizada del Nobel, en la entrega en diciembre de 1988, sobre ambos investigadores americanos: «Aún hoy cosechamos los frutos de lo que ellos descubrieron hace ya más de cuarenta años»[9].

Trudy Belle Elion, ya de setenta y siete años de edad en 1988, era la sensación del banquete del Nobel en Estocolmo. Vestida de chiffon azul cobalto con motivo del festejo, atrajo la mayor parte del interés de todos los ganadores, pero seguramente no sólo por ser la única mujer entre los premiados. Se llevó a Suecia once miembros de su familia, entre ellos numerosos sobrinos y sobrinas, los hijos de su único hermano, seis años más joven que ella. La señora Elion no tiene hijos propios, muy a su pesar. Nunca se casó, a pesar de haber estado prometida una vez: su novio murió de una infección bacteriana cardiomuscular y sus posteriores pretendientes no pudieron convencerla jamás del sentido y utilidad de un matrimonio.

Aunque Trudy Elion se jubiló en 1983 en la «Burroughs Wellcome», no se ha recluido en el retiro. La energía de la Premio Nobel, que toda su vida ha sido

---

[9] Véase *Time*: «Nobel Prizes. Tales of Patiente and Triumph» («Premios Nobel. Cuentos de paciencia y triunfo»), 31 de octubre de 1988, p. 71.

todo menos una sabia huraña, y que junto a su trabajo siempre se procuró el tiempo para la ópera y largos viajes, parece inagotable. Al igual que antes, vive en la ciudad de su actividad pasada en la zona del «Research Triangle Park» y divide su tiempo como consejera científica entre su antigua empresa, el «National Cancer Advisory Board» americano y la Organización Mundial de la Salud. Posee, igualmente, una cátedra de investigación en Farmacología en la Universidad de Duke en Chapel Hill, Carolina del Norte. «Todo el mundo ríe cuando digo que estoy jubilada, porque hago hoy exactamente tanto como antes», explica, «y en cierta forma, hago incluso lo que nunca quise hacer: enseño...»[10].

En comparación con su antiguo jefe, trece años mayor que ella, colega de investigación y pareja en el Nobel, Hitchings, la señora Elion parece hoy la más activa, lo que representa, seguramente, un pequeño triunfo para la señora Elion, que sin duda permaneció en un principio muchos años a la sombra de Hitchings. La camaradería de la pareja Nobel ha durado muchas décadas y se ha caracterizado sin duda por el respeto, admiración recíproca y estrechas relaciones personales. Sin embargo, no ha debido de faltar un cierto sentido de competitividad»[11].

Durante veintitrés años, hasta 1967, cuando Hitchings se convirtió en el vicepresidente de investigación de la «Burroughs Wellcome», Elion y Hitchings trabajaron juntos, redactaron conjuntamente numerosos artículos científicos, a veces yendo el nombre de él delante, a veces el de ella, pero finalmente Hitchings seguía siendo

---

[10] Véase Don Colburn: «Pathway to the Prize. Gertrude Elion, From Unpaid Lab Assistant to Nobel Glory» («El camino al premio. Gertrude Elion, de Ayudante de laboratorio no pagado, a la gloria del Nobel»), en: *Washington Post Health,* octubre, 25, 1988.

[11] Véase Bouton, ibíd., p. 28.

siempre el jefe. Elion define su papel de entonces como el de una herramienta: «Hitchings tenía dos hierros en la fragua de la investigación, uno de ellos era yo. Cuando se convirtió en director de investigación tuve mi propia responsabilidad»[12]. El que ella supo cómo utilizar esta responsabilidad lo demuestra su Premio Nobel, junto a Hitchings, con iguales derechos.

[12] Véase Bouton, ibíd., p. 28.

«La línea que hay entre los premiados y otros científicos punteros, que no han recibido el Nobel, es muy fina», escribe la socióloga científica americana Harriet Zuckerman[1]. Ciertamente, algunos investigadores, que con su trabajo científico han contribuido decisivamente a ciertos hallazgos, posteriormente coronados con el Premio Nobel, se han quedado sin la deseada recompensa. Por ello, la ambición, más o menos fundada, de tener parte en un Premio Nobel que permanece insatisfecha no es en forma alguna un problema específicamente femenino.

El último caso data de octubre de 1989, en aquel entonces, el Instituto Carolino en Estocolmo decidió dividir el Premio Nobel de Medicina entre los dos microbiólogos americanos Michael Bishop y Harold Varmus de la Universidad de California en San Francis-

---

[1] Véase Zuckerman, ibíd., p. 205.

co, por su demostración experimental del origen del cáncer a través de oncogenes vitales. El premio estaba basado en un trabajo científico de tres páginas que apareció en 1976 en la revista británica especializada *Nature*. Sin embargo, el artículo tenía otros dos autores. Uno de ellos, el francés Dominique Stehelin, a su vez Director del Instituto Pasteur en Lille, opinaba que había participado en una parte tan importante del experimento como para haber merecido un tercio del premio. Ambos premiados pusieron a su antiguo colega en su sitio: explicaron que, aunque efectivamente entonces Stehelin había realizado un importante trabajo, en aquel momento se encontraba en una estancia de formación en S. Francisco y simplemente materializó las ideas de ambos directores de aquel laboratorio[2].

Dominique Stehelin ha dejado que la cosa se apacíguara. No así el físico Oreste Piccioni, que llamó a juicio a sus colegas Emilio Segré y Owen Chamberlain, premios Nobel conjuntos de 1959. Les recriminó el haberle robado en su día las ideas que sirvieron para la realización del experimento con el Bevatron de Berkeley y el descubrimiento del antiprotón. Piccioni reclamaba 125.000 dólares de compensación, más intereses, es decir, diez veces un tercio del Nobel que creía le había sido robado. Su mutismo durante diecisiete años fue explicado por Piccioni porque había sido silenciado con amenazas por parte de sus dos colegas, que hasta el momento han sido más influyentes en la comunidad científica que él mismo[3]. Piccioni no tuvo ningún éxito con su demanda.

---

[2] Véase Horst Rademacher: «Das Baseball-Spiel wollten sie sich nicht entgehen lassen. Die Nobelpreisträger Michael Bishop und Harold Varmus» («No querían dejar escapar el partido de béisbol. Los premios Nobel Michael Bishop y Harold Varmus»), en: *Frankfurter Allgemeine Zeitung,* núm. 236, 11-10-1989, p. 9.

[3] Véase Jean-Marc Lévy-Leblond: «Ideology of Contemporary Phy-

Otros investigadores fueron más conformistas. Así, por ejemplo, el neurobiólogo americano Viktor Hamburguer. En su tiempo trajo a su laboratorio en San Luis, Missouri, a los posteriormente premios Nobel Rita Levi-Montalcini y Stanley Cohen, promovió los experimentos sobre células nerviosas que permitieron a ambos investigadores encontrar los factores de crecimiento que les harían merecer el Premio Nobel y procuró los medios de investigación necesarios para ello de la Fundación Rockefeller. Muchos colegas se tomaron a mal el que Hamburguer no obtuviera nada, al ser galardonados Levi-Montalcini y Cohen en 1986; tanto más cuando el premio puede dividirse en tres sin esfuerzo, según los estatutos, en lugar de ser dividido por la mitad [4].

En el caso de Viktor Hamburguer se trata de un hombre que no obtuvo nada, mientras que una mujer fue tenida en cuenta para la mitad de un Premio Nobel científico. Sin embargo, más frecuentemente se da la situación de que las mujeres se queden a la sombra de Premios Nobel masculinos. La mayoría de las mujeres, a las que se atribuye una parte en un Premio Nobel sin que se les concediera realmente, se han quedado modestamente en un segundo plano, a pesar de las frustradas esperanzas.

---

sics» («Ideología de la Física contemporánea»), en: Hilary Rose, Steven Rose: *The Radicalisation of Science* (La radicalización de la Ciencia), Londres, 1976, pp. 149 y ss.

[4] Véase Linda Tucci: «A Man for all Seasons» («Un hombre para todas las estaciones»), en: *Washington University Magazine,* primavera 1987, pp. 12-19.

Mileva Marić

(Albert Einstein: Premio Nobel de Física 1921

El caso más antiguo e igualmente más dudoso de una supuesta mujer «merecedora de Premio Nobel», aunque no galardonada, es el de Mileva Marić, la primera mujer del ganador del Premio Nobel de Física Albert Einstein. Desde hace algunos años se habla póstumamente de la serbia Marić, con la que Einstein estudió y vivió al final del siglo en Zürich, como ganadora del Premio Nobel frustrada. En especial su compatriota, la yugoslava Desanka Trbuhović-Gjurić [1], relata la influencia decisiva de la estudiante de física, todavía no licenciada, en el trabajo de Einstein, especialmente en sus trabajos primeros en física teórica, a los que debe el Premio Nobel de 1921. Esta tesis fue aprovechada y extendida con ansia especialmente por feministas, desde la revista «Emma» hasta

---

[1] Véase Desanka Trbuhović-Gjurić: *Im Schatten Albert Einstein. Das tragische Leben der Mileva Einstein-Marić* (A la sombra de Albert Einstein. La trágica vida de Mileva Einstein-Marić), Berna y Stuttgart 1983 y 1988, p. 7.

llegar a las contribuciones pseudocientíficas como la de
una tal Agnes Hüfner. A principios de este año discutieron incluso dos conferenciantes en la reunión anual de la
«American Association for the Advancement of Science»
(«Asociación Americana para el Avance Científico»),
sobre el reconocimiento póstumo de Mileva Marić como
cocreadora de la Teoría de la Relatividad —el físico
americano Evan Harris Walker y la lingüista alemana
Senta Trömel-Plötz—, lo cual fue recogido ávidamente
por la prensa extranjera [2].

Una afirmación de tal tipo sin embargo parece primero absurda y en todo caso no justificable con hechos
demostrables: no hay propiamente ni una sola publicación científica de Mileva Marić, y tampoco en las cartas
que han quedado se encuentra ningún tipo de pista de
que se hubiera seguido dedicando a la física después de
sus estudios. Ella misma no tuvo jamás la mínima
aspiración de producir una contribución a la investigación.

Sin embargo la biografía de Mileva Marić merece una
atención completa en otra forma: es la historia inusual de
una joven capacitada de una zona marginal de la monarquía austrohúngara danubiana, que bajo circunstancias
adversas se abre, contra los prejuicios de su tiempo y el
ambiente aún provinciano del cambio de siglo, a un
estudio científico en un país lejano y extraño. Allí se casa

---

[2] Véase Norgard Kohlhagen: «Die Mutter der Relativitätstheorie»
(«La madre de la Teoría de la Relatividad»), en: *Emma,* octubre, 1983,
pp. 14-15.
    Aún más, Agnes Hüfner: «Rekonstruktion einer Erscheinung, Mile-
va Marić» («Reconstrucción de una revelación. Mileva Marić»), en:
Thomas Neumann, *Albert Einstein,* Berlín, 1989, pp. 32-37; por último
New Scientist: «Was the first Mrs. Einstein a Genius too?» («¿Fue
también la primera señora de Einstein un genio?»), 3 de marzo de
1990, p. 25; Ellen Goodman: «Im Schatten Alberts» («A la sombra de
Einstein»), en: *Die Zeit,* 6 de abril de 1990, Vida moderna.

con un compañero, que consigue fama mundial en el campo común y al que le unen, al menos durante la carrera, intereses intelectuales.

Mileva Marić, venida al mundo con una cadera dislocada el diecinueve de diciembre de 1875, e impedida durante toda su vida, era la mayor de tres niños de una distinguida familia terrateniente de Titel, en una pequeña ciudad de la entonces Hungría, ahora Yugoslavia *. Ya de pequeña se destacó por su fantasía, afán de saber y capacidad de observación. Dado que en Austro-Hungría en aquel entonces las chicas no podían ir al instituto, el padre de Mileva la envió a Sabac, en Serbia. Cuando su familia se mudó a Zagreb, continuó allí su asistencia al colegio. En 1894, fue sola por motivos de salud a Suiza para continuar su formación realizando el examen de bachiller en Berna.

En la universidad de Zürich, que permitía como primera en Europa el acceso de las mujeres a los exámenes, comenzó Mileva Marić en el semestre estival de 1896 a estudiar Medicina. Mitza, como la llamaban sus amigas, se cambió pronto a la politécnica federal, donde como quinta mujer en total y la única de su promoción, comenzó a estudiar Matemáticas y Física. Junto con ella se matriculó por primera vez el estudiante tres años más joven que ella, Albert Einstein, del que ella pronto se hizo amiga y con el que vivió y trabajó y se casó el 6 de enero de 1903. La pareja vivió junta hasta el año 1914, más tarde se separó y se divorció en 1919. Mileva Marić murió en 1948 en Zúrich.

En el momento del enlace, Einstein estaba licenciado hacía tres años y desde hacía medio empleado como «experto técnico de tercera clase» en la oficina federal de

---

* Actualmente Serbia (N. del T.)

Mileva Marič

la propiedad intelectual (oficina de patentes) en Berna.
Mileva Marić, tras dos intentos fallidos de obtener el
diploma de maestra en los años 1900 y 1901, había
abandonado su carrera de Física y tampoco había acabado una empezada tesis doctoral[3]. Su renuncia a todos los
esfuerzos académicos en ese momento tenía motivos
concretos: como han encontrado las más recientes investigaciones sobre Einstein, esperaba un niño en 1902[4]. La
hija ilegítima de ella y Albert Einstein, Lieserl, nació en
enero de 1902 en la patria serbocroata de Mileva y tras
un ir de allá para acá, probablemente dada allí en
adopción. La joven madre regresó a Suiza, donde se casó
con Einstein en enero de 1903.

La biógrafa de Mileva Desanka Trbuhović-Gjurić
adjudica a Mileva Marić, sin tener en cuenta su falta de
éxito en los estudios, una influencia decisiva en el final
académico de Albert Einstein, en su conciencia laboral y
en sus posteriores trabajos de investigación: «El había

---

[3] Véase Abraham Pais: *Raffiniert ist der Herrgott ... Albert Einstein*
(El señor es sutil ... Albert Einstein»), Braunschweig, Wiesbaden,
1986, p. 44. (Hay Ed. Cast., Madrid, 1988). El hecho de que Mileva
Marić suspendiera dos veces el examen, es ocultado discretamente por
la mayoría de los biógrafos de Einstein.

[4] La pequeña Lieserl fue ocultada durante la vida de sus padres y
aún mucho más tarde. Se menciona por primera vez en las cartas
(editadas en español con el título *Cartas a Mileva,* Madrid, 1990. *N. del
E.)* entre Albert Einstein y Mileva Marić, publicadas hace pocos años.
Véase John Stachel et al. (ed.): *The Collected Papers of Albert Einstein.
Vol. I. The Early Years 1879-1902* («Los escritos reunidos de Albert
Einstein. Vol. I. Los primeros años 1879-1902»), descubren lo que en
las biografías de Einstein usualmente se trata como un oscuro secreto,
así, por ejemplo, por Peter Michelmore (*Albert Einstein. Genie des
Jahrhunderts* (Albert Einstein. Genio del siglo), Hannover, 1968, p. 42):
«Seis meses más tarde Albert y Mileva estaban casados. Los amigos
habían notado que la conducta de Mileva había cambiado, y creyeron
que la relación con Albert se había acabado. Algo había ocurrido entre
ellos, sin embargo Mileva sólo decía que era «extremadamente personal». Lo que también parecía suceder siempre es que ella estuviera
meditabunda y de algún modo parecía que Albert tenía la culpa».

encontrado en Mileva un primer camarada de igual condición, que a veces incluso también en matemáticas era superior a él. A él le parecía que las matemáticas estaban separadas en muchas especialidades, para las cuales se requería el trabajo de toda una vida. Por ello él descuidó su estudio... Mileva por el contrario... estudió matemáticas sólida y sistemáticamente. Ella trabajó mucho y profundamente. A él le atrajo su facilidad de comprensión, su profundización en la base del problema, su capacidad de resolverlos de la forma más simple y elegante. Por eso ella era un apoyo, él la necesitaba, sin ella sólo hubiera salido adelante lentamente»[5].

Si uno cree a Trbuhović-Gjurić, fue Mileva quien en última instancia llevó a Albert Einstein al trabajo científico: «Mileva y Einstein trabajaban muy intensamente. Ella actuaba con fuerza sobre él, para que él se dedicara completamente al trabajo, dado que según él mismo reconocía, no había desarrollado nunca los hábitos de trabajo apropiadas. Estos le fueron inculcados por Mileva, que estaba sentada junto a él día y noche y le estimulaba con su energía infatigable... Durante todo un período de su vida, desde el comienzo de sus estudios en 1896 hasta el año 1914, ella estaba continuamente cerca de él, en el trabajo, en los intereses comunes y en el tratamiento de los problemas»[6].

Mileva por ello sería el cuasi supervisor, consejero científico y portavoz matemático: «En su trabajo ella nunca fue cocreadora de las ideas de él, como no pudo haber sido de otro modo, pero sí expuso todas sus ideas, las discutía con él y daba a las representaciones de él sobre la extensión de la Teoría Cuántica de Max Planck

---

[5] Véase Trbuhović-Gjurić, ibíd., p. 44.
[6] Véase Trbuhović-Gjurić, ibíd., pp. 65 y 69.

y sobre la Teoría especial de la Relatividad su expresión matemática» [7].

«El fruto de su trabajo sería», según Trbuhović-Gjurić, «recogido en las primeras publicaciones de Albert Einstein en los "Annalen der Physik" de Leipzig, en los que ya antes de 1905 apareció una lista de ensayos cortos» [8]. También los siguientes cinco trabajos, que fueron impresos en 1905 en los «Annalen» y dieron fama mundial a Einstein, debían agradecerse a Mileva [9]. Entre ellos estaba «Über einen die Erzeugung und Verwandlung des Lichtes heuristischen Gesichtspunkt» («Sobre un punto de vista heurístico acerca de la producción y transformación de cuantos de luz»), donde se explica que la luz está formada por cuantos. Las observaciones que allí se exponen procuraron el Premio Nobel a Albert Einstein en 1921, «por trabajos en el campo de la física teórica, especialmente por el descubrimiento de la ley del efecto fotoeléctrico».

En ninguna otra parte, salvo en Trbuhović-Gjurić se encuentran pistas de una colaboración científica de ese tipo entre Mileva Marić y Albert Einstein. Ninguno de los amigos de esa época ha informado sobre ello, ni Marcel Grossmann ni Maurice Solovine, Angelo Besso o Friedrich Adler. Tampoco en los biógrafos de Einstein —por ejemplo Abraham Pais, que se ha ocupado minuciosamente no sólo de la vida privada de Albert Einstein, sino también de su trabajo científico— puede encontrarse algo sobre este aspecto. Ni siquiera la fiable nueva fuente *Collected Papers of Albert Einstein*, tomo 1 —con cerca de cuatro docenas de cartas privadas— ofrece ninguna evidencia de ello.

---

[7] Véase Trbuhović-Gjurić, ibíd., p. 72.
[8] Véase Trbuhović-Gjurić, ibíd., p. 60.
[9] Véase Trbuhović-Gjurić, ibíd., p. 71.

Pronto John Stachel, el editor del primer tomo de *Collected Papers,* refutó enérgicamente en la revista científica inglesa «New Scientist» que la contribución de Mileva Marić al trabajo de Einstein hubiera sido pasada por alto. Stachel dijo que se mantenía firme en el juicio que él había emitido en el prólogo al primer tomo del *Collected Papers*: «aun cuando no debe cerrarse del todo la posibilidad de que Mileva jugara un papel importante, el material disponible indica que el papel de Marić en las ideas de Einstein era el de una caracola». Stachel opinaba con ello que ni el respeto a la memoria de Mileva Marić, ni la comprensión por su difícil situación o, en general, la comprensión por los problemas reales de las mujeres en el intento de hacer una carrera científica en el cambio de siglo, tendría que influir en dar validez a las pretensiones infundadas respecto al trabajo intelectual de Mileva Marić [10].

De la época de la carrera apenas se encuentran evidencias indirectas de que Mileva y Einstein hubieran leído ocasionalmente juntos libros científicos, así, sólo encontramos algunas referencias indirectas, como las de Philipp Frank: «...ella coincidió con Einstein en su pasión por el estudio de los grandes físicos, y ambos estaban juntos frecuentemente» [11], o bien, la comparación con la segunda mujer de Einstein, Elsa, que «no podía, como en su tiempo hizo Mileva Marić en Zürich, estudiar con él las obras de los grandes físicos» [12]. Por el contrario, Frank dice palabras más críticas sobre los intereses de Mileva en el trabajo de Einstein: «A Einstein siempre le gustó pensar en compañía, o más exactamente, aclarar sus pensamientos hablando sobre ellos. Si Mileva era

[10] Véase Philipp Frank: *Albert Einstein. Sein Leben und seine Zeit* (Albert Einstein. Su vida y su tiempo), Wiesbaden, 1979, p. 39.

[11] Véase *New Scientist,* ibíd.

[12] Véase Frank, ibíd., p. 218.

parca en palabras y le correspondía poco, apenas lo notaba Einstein en su agitación»[13].

No obstante, Trbuhović-Gjurić se aventura a formular la opinión de que los originales de los tres artículos de Einstein que hicieron época, del tomo XVII de los «Annalen der Physik», estuvieron firmados por «Einstein-Marić». Como prueba de esto, ella cita —aquí como antes, sin dar fuentes más cercanas— los «Recuerdos sobre Albert Einstein» del físico ruso Abraham Joffe, que supuestamente había leído el manuscrito original como ayudante de Wilhelm Röntgen[14]. Este, por su parte, pertenecía al consejo administrativo de los «Annalen», que tenía que dar su dictamen sobre la publicación de las contribuciones presentadas.

En el artículo de Joffe, falta cualquier tipo de dato sobre la afirmación de Trbuhović-Gjurić[15]. Esto no es sorprendente, dado que los trabajos teóricos como los de Einstein, eran revisados por Max Planck en Berlín, antes de su impresión en los «Annalen»[16]. El físico experimental muniqués Röntgen no tenía nada que ver con este proceso, y no sólo aunque también por ello porque el consejo administrativo de los «Annalen» no tenía ningún tipo de tareas u obligaciones de redacción. El que Röntgen no supiera de los trabajos de Einstein lo confirma además la circunstancia de que él encargó al redactor una copia para sí, el 18 de septiembre de 1906[17].

---

[13] Véase Frank, ibíd., p. 39.

[14] Véase Trbuhović-Gjurić, ibíd., p. 79.

[15] Véase Abraham F. Joffe: *Begegnungen mit Physikern... Albert Einstein* (Encuentros con físicos... Albert Einstein), Basel, 1967, pp. 88-95.

[16] Véase Christa Jungnickel, Russel McCormmach: *Intellectual Mastery of Nature. Theoretical Physics from Ohm to Einstein. Vol. 2. The Now Mighty Theoretical Physics 1870-1925* (»El dominio intelectual de la Naturaleza. Física teórica de Ohm a Einstein. Vol. 2. La ahora poderosa Física teórica de 1870-1925»), Chicago, 1986, p. 309.

[17] Véase Stachel, ibíd., p. 267.

El asunto del Premio Nobel en la exposición de Trbuhović-Gjurić es también equívoco. Ella deduce de la circunstancia de que Eintein transfiriera a Mileva Marić la suma total del dinero correspondiente a su Premio Nobel de 1921, el que a Mileva Marić le correspondiera una parte de ese premio: «Tras la recogida del Premio Nobel Einstein viajó a Zürich y le dio el importe total de este gran premio por trabajos de los felices días en común en Berna sólo a Mileva, ni siquiera a los niños. Uno puede imaginarse que este donativo, totalmente independiente de sus deberes de manutención, eran también un signo del reconocimiento a su colaboración» [18].

La biógrafa yugoslava ignora con ello por completo la verdadera razón de que Einstein diera este dinero a su exmujer; ésta es que él, en vista de la complicada situación política en Europa, encontraba cada vez mayores dificultades para transferir el importe de la manutención de ella y de los dos hijos de ambos a Suiza, sobre todo porque la moneda suiza subía cada vez más respecto a la alemana [19]. Ya en su separación, en el año 1919, Albert Einstein había prometido a Mileva entregarle la suma que él debía recibir con el Premio Nobel [20]. En 1923, se transfirieron a Suiza el total de las 121.572,54 coronas —entonces, unos 180.000 francos suizos. Con ello, se compraron en Suiza tres casas, que posibilitaron unos ingresos seguros regulares a Mileva y a los hijos y que harían innecesarios pagos posteriores.

---

[18] Véase Trbuhović-Gjurić, ibíd., p. 158, también p. 7.
[19] Véase Frank, ibíd., p. 221.
[20] Véase Pais, ibíd., p. 504.

Lise Meitner

(Otto Hahn: Premio Nobel de Química 1944)

«Su trabajo fue coronado con el Premio Nobel de Química para Otto Hahn»[1], se dice en una biografía sobre Lise Meitner, que bien puede ser la científica más conocida que se haya quedado sin la preciada recompensa. En efecto, el Premio Nobel de Química de 1944 fue concedido al químico alemán Otto Hahn, por «el descubrimiento de la fisión nuclear» mientras que era negado a la física atómica austroalemana, a pesar de largos años de colaboración de ambos.

Los historiadores de la ciencia están de acuerdo hoy en día en que Lise Meitner fue mantenida injustamente a la sombra de su colega Otto Hahn[2]. «Nuestra Madame

---

[1] Véase Renate Feyl: *Der lautlose Aufbruch. Frauen in der Wissenschaft... Lise Meitner (1878-1968)* (La marcha silenciosa. Mujeres en Ciencia... Lise Meitner»), Darmstadt y Neuwied, 1983, p. 162.

[2] Véase Fritz Krafft: *Im Schatten der Sensation. Leben und Wirken von Frotz Straßmann... Lise Meitner.* (A la sombra de lo sensacional. Vida y obra de Fritz Straßmann... Lise Meitner), Weinheim, Basel, 1981, pp.

Curie» —como Albert Einstein bautizó a la física original de Viena, que él en una conversación privada consideró «más dotada que la propia señora Curie»[3]— es sin
duda una de las figuras femeninas más importantes de la
física moderna, como Marie Curie y su hija Irène Joliot-
Curie.

Lise Meitner, sólo unos pocos meses mayor que Albert Einstein, Max von Laue y Otto Hahn, tuvo un
amargo destino personal; por un lado, como mujer, al
ser una de las primeras científicas que se introdujeron en
el mundo académico, estuvo largo tiempo sometida a los
prejuicios y discriminaciones de la época[4], por otro lado,
por su origen judío, se vio sometida a un creciente
aislamiento personal y científico que finalmente la obligó
a emigrar.

Lise, mejor dicho «Elise» Meitner, nació en Viena
como tercera hija de un total de ocho hermanos, el 17 de
noviembre de 1878[5]. Sus padres, el abogado Dr. Philipp

---

165 y ss.; el mismo: «Lise Meitner. Leben und Werk einer Atomphysikerin» («Lise Meitner. Vida y obra de una Física atómica»), prólogo al
catálogo de la exposición del mismo nombre en el Instituto Lise-
Meitner de Böblingen, 23-3 y 3-4-1987; el mismo: «Vierzig Jahre
Uranspaltung. Historische Betrachtungen zum Forscherteam Hahn-
Meitner-Straßmann» («Cuarenta años de fisión deluranio. Considera-
ciones históricas del equipo investigador Hahn-Meitner-Straßmann»),
en: *Frankfurter Allgemeine Zeitung»*, 28-12-1978, núm. 288, pp. 1-2.
[3] Véase Philipp Franck: *Albert Einstein. Sein Leben und seine Zeit*
(«Albert Einstein. Su vida y su tiempo»), Braunschweig, Wiesbaden,
1979, p. 193.
[4] Véase Otto Hahn: «Como mujer, tenía dificultades que eran
desconocidas para sus colegas masculinos», en: «Lise Meitner - 85
Jahre» («Lise Meitner-85 años»), en: *Die Naturwissenschaften,* Berlín,
Göttingen, Heidelberg, 1963, cuaderno 21m p. 653.
[5] Véase a este respecto y siguientes Otto Robert Frisch: «Lise
Meitner», en: *Dictionary of Scientific Biography,* vol. 9, Nueva York,
1981, pp. 260-263; el mismo: *Woran ich mich erinnere. Physik und Physiker
meiner Zeit.* («De lo que me acuerdo. Física y físicos de mi tiempo»), en:
«Große Naturforscher» («Grandes científicos»), tomo 43, Stuttgart,
1981.

Meitner y su esposa la señora Hedwing, provenían de familias judías, pero sin embargo criaron a los niños en el protestantismo. Lise Meitner procedía de un hogar cultivado y liberal. Especialmente su padre, de ideas avanzadas, apoyaba sin limitaciones sus deseos profesionales y creía en su capacidad e inteligencia.

Parece ser que Lise Meitner descubrió las ciencias ya de niña, cuando observaba los colores del arco iris que una mancha de aceite había producido en un charco. La explicación de este suceso debió estimular su fascinación por la física, que se mantuvo durante toda su vida. Pero incluso el llegar a ser científica tampoco le fue fácil a Lise Meitner. Tras cinco años de escuela primaria y tres años de escuela pública las posibilidades de educación en el año 1892 parecían agotadas. Como mujer le estaba prohibida la asistencia al instituto en Viena.

De modo que Lise Meitner se preparó para el examen de profesora de francés, para poderse ganar su propio sustento en caso de necesidad. Pero esto no le bastaba como profesión. Para obtener acceso a la universidad, tuvo que prepararse en privado el examen de bachiller y pasar el examen como externa en un instituto de chicos. Superó esa barrera en 1901, con veintitrés años. En octubre del mismo año comenzó a estudiar en la Universidad de Viena Física y Matemáticas.

La posibilidad de realizar estudios superiores era nueva, contaba sólo dos años: desde 1899 se les permitía a las mujeres ir a la universidad, alrededor de treinta años más tarde que en Rusia y los Estados Unidos, veinticin-

---

Charlotte Kerner: *Lise Atomphysikerin. Die Lebensgeschichte der Lise Meitner* (Lise. Física atómica. La historia de la vida de Lise Meitner), Weinheim y Basel, 1986.

Helga Königsdorf: *Respektloser Umgang* («Trato irrespetuoso»), Berlín, Weimar, 1980.

Krafft, íbid.

Lise Meitner

co años más tarde que en Francia y Suiza, y diez años antes que Prusia.

Lise Meitner estudió durante ocho semestres. A partir del año 1902, escuchó entusiasmada las lecciones del físico Ludwig Boltzmann, que despertó su amor por la física teórica. A caballo de los años 1905 y 1906, Lise Meitner pasó su examen de doctorado con un trabajo sobre «conducción de calor en cuerpos inhomogéneos». Su nota: «sobresaliente por unanimidad». Ella fue la segunda mujer que se doctoró en Física en Viena y la cuarta doctora en dicha universidad.

En los dos años siguientes, la Dra. Lise Meitner siguió trabajando en el Instituto de Física Teórica. Se ignora si su trabajo allí estaba remunerado. Stefan Meyer, un antiguo ayudante de Boltzmann, se iniciaba en el entonces joven campo de la radiactividad. Los primeros dos trabajos de Meitner trataron sobre los rayos alfa y beta. La idea que surgió a partir de ello, de visitar a Marie Curie en la Sorbona, no se pudo llevar a efecto, ya que obtuvo una negativa de París[6]. Por ello, en otoño de 1907 —con casi 29 años de edad— se fue a Berlín, para seguir formándose con Max Planck, dado que su tendencia propia seguía siendo la de física teórica. Tenía el proyecto de quedarse dos años. Se quedó treinta y uno.

La determinación de Lise Meitner de trasladarse a Berlín fue muy atrevida para la época. Por entonces, las mujeres no eran admitidas en Berlín para realizar carreras universitarias. Sólo a partir de 1909, es decir, dos años más tarde, pudieron finalmente también matricularse en Prusia. Tampoco se daban puestos académicos para mujeres en la Universidad, al menos en Física.

---

[6] Véase Kerner, ibíd., p. 23.

La Lise Meitner de aspecto inusualmente pequeño, grácil y tímido, totalmente como el de «la hija mayor», consiguió a pesar de todo ser admitida en las lecciones de Max Planck. Como era costumbre entonces, el enseñante decidía personalmente si aceptaba a mujeres como oyentes. Planck aceptó a Lise Meitner, a pesar de su harto conocidas reservas en contra de los estudios de las mujeres [7].

Con objeto de poder trabajar también de forma práctica y experimentar, Lise Meitner solicitó un laboratorio. Se dirigió al químico Otto Hahn con el ruego de poder investigar con él. Hahn, que acababa de ser aceptado en el cuerpo docente y recién llegado de Canadá, donde había sabido de la actualidad investigadora de la radiactividad por Ernest Rutherford, estaba dispuesto con mucho gusto a aceptar la colaboración de la joven mujer, que tenía casi su misma edad, dado que él justamente buscaba un físico.

A pesar de la conformidad de Otto Hahn sobre la colaboración, pronto surgieron problemas: El profesor Emil Fischer, director del Instituto de Química, estaba estrictamente en contra de las estudiantes y científicos mujeres e hizo que, para la aprobación de la plaza de laboratorio, Lise Meitner ocupara en los sótanos del Instituto de Química, un antiguo taller de carpintería, y que nunca traspasara el resto de las habitaciones del

---

[7] Véase Arthur Kirchhoff (ed.): *Die akamedische Frau. Gutachten hervorragender Universitätsprofessoren, Frauenlehrer und Schriftsteller zur Befähigung der Frau zum wissenschaftlichen Studium und Berufe.* («La mujer académica. Juicio sobre profesoras de universidad, maestras y escritoras destacadas para la capacitación de la mujer al estudio científicos y trabajo»), Berlín, 1897, pp. 256 y ss.

Para el origen de esta contribución véase la descripción de Otto Robert Frisch, en: *Woran ich mich erinnere* («De lo que me acuerdo»), ibíd., pp. 148 y ss. [Hay ed. cast., *De la fisión del átomo a la bomba de hidrógeno,* Madrid, Alianza Editorial, 1988.]

instituto. De modo que la nueva colaboradora, cuando lo necesitaba, iba al baño a un restaurante vecino.

Cuatro años trabajó la física Lise Meitner como «invitado no remunerado», primero en los sótanos del instituto, más tarde en el recién fundado Kaiser-Wilhelm-Institut de Química en Berlín-Dahlem. Ella vivía con modestia extrema, dado que sus medios financieros eran limitados y las donaciones de su casa poco abundantes. Finalmente, en 1912, obtuvo una plaza de ayudante con Max Planck, cuyas lecciones la habían orientado en su día a Berlín, y con ello se convirtió en la primera mujer ayudante de universidad en Prusia. Por fin la Física se perfilaba como medio de sustento para la científica, que contaba con treinta y tres años. En 1913, Lise Meitner obtuvo un puesto remunerado en el Kaiser-Wilhelm-Institut de Química. Esto, por supuesto, llegó sólo después de que ella considerara una oferta de Praga para un puesto docente con vistas a una futura cátedra.

En 1918, se dispuso para Lise Meitner un departamento físico-radiactivo propio, junto al departamento químico-radiactivo de Otto Hahn, que fue conocido como departamento Hahn-Meitner. En 1922, la señora Meitner pudo hacer oposiciones a cátedra, en 1926 se convirtió —con 48 años de edad— en catedrática extraordinaria, sin plaza funcionarial, de física nuclear experimental. Este fue el escalón más alto de la escalera de una carrera al que podía llegar una mujer en aquella época y que pocos años más tarde sería sensiblemente limitado. Al llegar los nacionalsocialistas al poder, en 1933, le fueron retirados a Lise Meitner título y permiso de docencia. Pero como austríaca, y por ello extranjera, podía seguir trabajando en el Kaiser-Wilhelm-Institut. Perdió ese estatus especial en 1938, con la anexión de Austria. Huyó a Holanda de noche y con niebla por la frontera, y de allí vía Copenhage hasta Suecia.

Con su emigración, la fértil colaboración de treinta años de Lise Meitner con Otto Hahn encontró un final abrupto. Desde 1908, ambos investigadores se habían convertido en una entidad en el mundo científico, ya que poco después del comienzo de su colaboración habían publicado una serie de contribuciones científicas sobre la naturaleza de los rayos radiactivos y las propiedades de los elementos radiactivos. El trabajo más importante fue el descubrimiento del elemento 91, en el año 1918, el hasta entonces desconocido segundo elemento natural más pesado, la sustancia madre del actinio, al que dieron el nombre de «protactinio».

La investigación en común de Lise Meitner y Otto Hahn finalizó en primer lugar cuando se dispuso el departamento de Lise Meitner para trabajos en física sobre radiación y se dotó de colaboradores propios. En los años siguientes, la física se dedicó a los análisis de los rayos alfa, beta y gamma y a los procesos en que están basados. Estos trabajos le aportaron un amplio reconocimiento. No antes de otoño de 1934 empezarían Lise Meitner y Otto Hahn un trabajo conjunto, tras largos años de investigación por separado.

El motivo fue el progreso de la Física Nuclear en el extranjero: tras el descubrimiento del neutrón por James Chadwick, en el año 1932, y de la radiactividad artificial por Irène Joliot-Curie, en el año 1934, Enrico Fermi descubrió que los neutrones, debido a su falta de carga eléctrica, debían estar especialmente indicados para penetrar átomos pesados y desencadenar reacciones en ellos. Lise Meitner quedó fascinada por esta nueva posibilidad y convenció a Otto Hahn para analizar con ella el así llamado «transuranio», encontrado por Fermi al bombardear uranio y torio con neutrones. En 1935, Meitner y Hahn tomaron en su equipo como refuerzo al joven químico analítico Fritz Straßmann.

Los experimentos tuvieron lugar en tres fases de trabajo, separadas espacial y temporalmente: los preparados eran irradiados, después separados químicamente y finalmente se medía la radiación de los productos. La competencia de Lise Meitner era, sobre todo, establecer el objetivo de los experimentos y su explicación física. También Hahn y Meitner buscaban el transuranio y no pensaron en absoluto, como muchos otros, en la posibilidad de la fisión nuclear.

A finales de 1938, cuando Lise Meitner llevaba ya un año fuera de Berlín, Hahn había llegado a la certeza de que en sus productos de reacción se encontraba bario, un elemento semipesado, que sólo puede formarse por ruptura del núcleo de uranio. Hahn tuvo el valor, confiando en sus conocimientos radioquímicos, de publicar los resultados de sus ensayos sobre el bario, aunque contradecían las representaciones físicas de la época. En ese aspecto, la prioridad del descubrimiento de la fisión nuclear le pertenece sin duda a él, aun cuando el término mismo no se utilizara en el trabajo que publicó.

Lise Meitner —si hubiera estado aún en Berlín— habría desaconsejado con seguridad una publicación de los resultados, antes de haber mostrado una explicación teórica. Se llegó a ella posteriormente: continuando con la provechosa colaboración, Lise Meitner obtuvo de Otto Hahn una copia del manuscrito, que envió el 22 de diciembre de 1938 a la revista *Die Naturwissenschaften (Las Ciencias)*, para su publicación. Basándose en este artículo, la señora Meitner y su sobrino, el físico Otto Robert Frisch, consiguieron, en el plazo de pocas horas, explicar los resultados como «fisión del núcleo de uranio». Con ello, Lise Meitner se convertía en la primera que estimaba la cantidad de energía liberada violentamente en la fisión nuclear. Meitner y Frisch publicaron

sus deliberaciones inmediatamente en la revista *Nature* [8]
—para disgusto de Otto Hahn.

Dado que Lise Meitner no estaba en Berlín en la fase
decisiva, en la que Hahn encontró el bario como producto de la transformación del uranio, no podía propiamente hacer válida ninguna aspiración de ser contada entre
los descubridores, junto a Hahn y Straßmann. Parece ser
que Otto Hahn también se resistió durante el resto de su
vida a mencionar el nombre de Lise Meitner en relación
con el descubrimiento de la fisión del uranio, que le
proporcionó el Premio Nobel de Química en 1944. Fritz
Straßmann, por el contrario, el tercero del equipo tenía
una opinión completamente distinta. El estaba convencido de «que la participación de Lise Meitner, incluso
hasta el descubrimiento del bario, había sido tan importante, que ella debería contarse entre los descubridores;
no sólo a causa de la primera explicación teórica, que
también había sido conseguida por otros físicos tras la
publicación del trabajo el 6 de enero de 1939» [9]. A los
ojos del joven compañero de equipo, Lise Meitner era el
guía intelectual.

En este marco se encuadra la anécdota de que los
compañeros del instituto se ocupaban de cambiar regularmente las firmas «Otto Hahn, Lise Meitner» en las
notas del tablón de anuncios con una línea curva entre la
«s» y la «e» Otto Hahn, Lies Meitner» («Otto Hahn dejó
a Meitner»). También el supuesto dicho de Lise Meitner:
«¡Hähnchen (pollo, en alemán), déjame hacer esto, tú no
entiendes nada de física!» parece aquí una nota marginal
pertinente, tanto más cuanto que de Hahn se decía que

---

[8] Véase Lise Meitner, Otto Robert Frisch: «Disintegration of uranium by neutrons; a type of nuclear reaction» («Desintegración del uranio por neutrones; un tipo de reacción nuclear»), en: *Nature,* 143/1939, p. 239.

[9] Véase Krafft: *Vierzig Jahre uranspaltung,* ibíd., p. 2.

se interesó largo tiempo, también de forma personal, por su bella colega de trabajo.

No obstante, pesa mucho más el juicio de Werner Heisenberg, que intentó equilibrar la participación de Lise Meitner y Otto Hahn respectivamente en los primeros trabajos en común de la siguiente forma: «Hahn tenía que agradecer sus éxitos sobre todo, así me lo parece, a sus cualidades de carácter. Su capacidad de trabajo inagotable, su aplicación férrea en la adquisición de nuevos conocimientos, su honradez insobornable, le permitieron trabajar aún más precisa y esmeradamente, pensar aún más críticamente sobre la mayoría de los experimentos, realizar aún más controles que la mayoría de los otros que se introducían en el nuevo dominio de la radiactividad»[10].

La relación de Lise Meitner con la ciencia era vista por Heisenberg de otra forma: «Ella no sólo se preguntaba sobre el "qué", sino también acerca del "por qué". Quería entender qué era lo que sucedía con la radiación radiactiva... quería escudriñar las leyes de la naturaleza que estaban actuando en este nuevo campo. Su fuerza radicaba entonces en el modo de plantear un problema y en la explicación posterior del experimento realizado. Se debería suponer que también en los trabajos conjuntos posteriores Lise Meitner ejerció una fuerte influencia en el planteamiento del problema y en la explicación de los experimentos y que Hahn se responsabilizó especialmente de la fundamentación y escrupulosidad en la experimentación»[11].

A pesar de la colaboración al lado de Otto Hahn entre

---

[10] Werner Heisenberg: «Gedenkworte für Otto Hahn und Lise Meitner» («Palabras conmemorativas para Otto Hahn y Lise Meitner»), en: *Gesammelte Werke. Abt. C: Allgemeinverständliche Schriften,* tomo IV, «Biographisches y Kernphysik», München, Zürich, 1986, p. 179.

[11] Véase Heisenberg, ibíd., p. 180.

los años 1934 y 1938, se negó la participación de Lise Meitner en el Premio Nobel de Química de 1944, que fuera entregado en 1945 a Hahn «por el descubrimiento de la fisión nuclear». La señora Meitner ya había sido candidata al Premio Nobel previamente. En 1924, 1925 e incluso en pleno auge del nacionalsocialismo —en 1936— fue propuesta para el Premio Nobel de Química, en relación con el trabajo sobre el protactinio» [12].

Si Lise Meitner se sintió desilusionada por no poder estar al lado de Hahn cuando el rey sueco le otorgó, el 10 de diciembre de 1946, el Premio Nobel por el descubrimiento de la fisión nuclear, no lo demostró en aquel entonces. La visita de Hahn a Suecia con motivo de la entrega del Nobel aumentó, no obstante, las diferencias con Lise Meitner. El asunto no fue el Premio Nobel sino el «olvido» del reciente pasado alemán que Otto Hahn demostraba, según la versión de Meitner, cuando en dicha ocasión, alabó a Alemania por no haberse cargado con la culpa de la construcción de una bomba atómica y con las muertes sin sentido de tantos millares de personas. Sobre esto, Lise Meitner escribe a James Franck: «Intenté explicarle que bien podría haber añadido, si hubiera querido, que se alegraba de ello puesto que los alemanes ya habían cometido tantas atrocidades» [13].

El que Lise Meitner no obtuviera el Nobel, no se debe a su falta de integración en la comunidad de científicos, cosa que hubiera evitado: Lise Meitner pasaba por un miembro respetado en el gremio de los investigadores del átomo. La propia física tenía la sospecha de que un influyente contrincante del comité del Nobel había incluso votado en su contra. Ella suponía que era Manne

---

[12] Véase Kerner, ibíd., pp. 65-93.
[13] Véase Kerner, ibíd., p. 110.

Siegbahn, el Premio Nobel de Física sueco de 1924 y director del Instituto del Nobel, al que había pedido refugio tras su huida de Alemania. Ya en 1939, se había sentido dolida porque Siegbahn no creyera —tras la fisión nuclear con éxito de Dahlem— que ella hubiera hecho ninguna aportación importante en Berlín. Su sospecha se confirmó cuando le fueron desvelados los detalles de la reunión decisiva del Nobel [14].

No obstante, Lise Meitner obtuvo en los años siguientes numerosas condecoraciones. Así, al lado de varios doctorados honoris causa, en 1949, junto con Otto Hahn, la medalla de oro Max-Plank, en 1955 el premio Otto Hahn de Física y Química y en 1966 junto con Hahn y Straßmann el altamente dotado premio Enrico Fermi americano. Pero no pudo consolarse de su derrota en el comité del Nobel, especialmente cuando en el transcurso de los años fue quedándose más y más a la sombra de Otto Hahn. Llena de tristeza y resignación Lise Meitner se quejaba en 1953 ante él de que cada vez era menos reconocida como investigadora independiente: «¡intenta colocarte en mi situación!... ¿Tú qué dirías si fueras catalogado como mi colaborador de largos años?» [15].

Las últimas dos décadas fueron difíciles profesionalmente para Lise Meitner. Ella, que ya tenía sesenta años de edad cuando llegó a Estocolmo, nunca se aclimató a Suecia. A pesar de ello, declinó todas las ofertas de colaborar en los EE. UU. con el desarrollo de la bomba atómica. Hasta una edad avanzada abogó por una utilización pacífica de la energía atómica. Después de unos comienzos difíciles en Suecia, sin medios económicos, subvenciones, instrumentos o colaboradores, en los que

---

[14] Véase Kerner, ibíd., p. 93.
[15] Véase catálogo de la exposición de Böblingen, íbid.

vivía «como Robinson en una isla» y trabajaba «como un principiante», se convirtió en ciudadana sueca en 1946. Después de trabajar primeramente en el Instituto Nobel de Física en Estocolmo, obtuvo una cátedra en esta misma ciudad, que la Comisión Sueca de Energía Atómica había dispuesto para ella en el Real Instituto de Tecnología. Allí podía realizar aun algunos trabajos sobre radiación de neutrones y procesos nucleares. Su último trabajo científico importante data de 1950, tratando sobre la fisión y el modelo de capas del núcleo atómico. Tenía entonces 72 años de edad.

En 1960 la señora Meitner, que permaneció soltera toda su vida, abandonó su patria adoptiva, Suecia, tras veintidós años, y se mudó a Cambridge, donde pasó el final de su vida junto a su sobrino, Otto Robert Frisch. Murió —con casi noventa años— el 27 de octubre de 1968, tres meses después que Otto Hahn.

Chien-Shiung Wu

*(Tsung Dao Lee y Chen Ning Yang:
Premio Nobel de Física 1957)*

Quien quiera encontrar en la actualidad a la profesora Wu del departamento de Física de la famosa Universidad de Columbia, deberá efectuar un rastreo casi detectivesco para hallar a la científica. La conocida física china, que provocara sensación en su campo en todo el mundo hace treinta años, al demostrar con un sofisticado experimento las atrevidas especulaciones físicas de sus dos compatriotas y más tarde ganadores del Premio Nobel, Tsung Dao Lee y Chen Ning Yang, acerca del comportamiento de procesos subatómicos bajo reflexión especular, se ha jubilado. Vive retirada como simple señora de Yuan, en la Claremont Avenue neoyorquina, donde casi ninguno de sus vecinos sabe o intuye nada acerca de la antigua trascendencia como investigadora de la delicada dama, o bien de que ella recibiera numerosos premios científicos y alrededor de una docena de doctorados honoris causa, entre otros de Harvard, Princeton y Yale.

La física experimental que naciera el 31 de mayo de

1913, como hija de un rector de escuela en las cercanías de Shangai y que fuera criada de una forma progresista, abandonó su patria tras cursar sus estudios de Física, con veintitrés años de edad, para hacer su doctorado en la Universidad de California, en Berkeley. Allí, conoció también a su colega chino, Dr. Luke Chia-Liu Yuan, con quien se casaría, en 1942. El matrimonio tuvo un hijo, Vincent.

Lo más importante en la vida de la señora Wu parece haber sido la Física. La científica lo confiesa abiertamente: «siempre he tenido la sensación de que uno se debe dedicar a la Física totalmente y sin limitaciones. No es un trabajo. Es una forma de vivir»[1]. Ya al principio de su obviamente muy feliz y duradero matrimonio, Chien-Shiung Wu y Luke Yuan soportaron también largos períodos de separación a causa de la ciencia. Así, la señora Wu aceptó poco después de su matrimonio una oferta como profesora ayudante en el Smith College en Masachusetts, mientras que su marido comenzaba a trabajar en los laboratorios de investigación RCA, alejados varios cientos de kilómetros. Este principio fue siempre respetado por la pareja: ambos eran científicos y estaban fascinados con su trabajo. Ambos tenían al mismo tiempo un gran respeto por los intereses científicos y la carrera científica de su cónyuge y evitaban todo lo que pudiera perjudicarla.

A partir del año 1943, investigó y enseñó «Miss Wu» —como se conocía a la científica entre sus colegas también de casada hasta muchos años después en la Universidad de Columbia en Nueva York; hasta 1944 lo hizo en el marco del secreto Proyecto Manhattan para la construcción de la bomba atómica. De 1946 a 1952, se

---

[1] Véase entre otros Treiman: «The Weak Interactions». («Las interacciones débiles»), en: *Scientific American,* marzo 1959, p. 80.

ocupó con éxito de la desintegración, un tema popular y querido por los físicos nucleares, que ya había jugado un papel importante en la tesis doctoral de Wu. En 1957, la señora Wu consiguió, en la prueba denominada el experimento Wu, la demostración de la violación de la paridad por las interacciones débiles y con ello la prueba empírica para la atrevida hipótesis de Lee y Yang.

Chien-Shiung Wu ha narrado ella misma la historia de su descubrimiento de una forma visual [2]. Su trabajo sobre desintegración beta, parecía predestinarla para el éxito: «aunque a partir de 1952, abandoné lentamente mi interés por la desintegración beta, siempre fue para mí como un viejo amigo. Para ello siempre habría un lugar en el corazón. Este sentimiento fue renovado cuando un día en la primavera de 1956, el profesor T.D. Lee subió a mi pequeña habitación del décimo tercer piso de los laboratorios Pupin y me formuló una serie de preguntas sobre el estado del conocimiento experimental acerca de la desintegración beta».

El motivo del interés del profesor Lee por este proceso era la presunta reflexión espacial en reacciones subatómicas, dicho más exactamente: la posibilidad de violación de la paridad por las interacciones débiles, problema estrechamente ligado con esto. Lee se ocupó intensivamente de esta hipótesis y buscaba una demostración experimental de ello en la literatura.

La señora Wu no pudo ayudar a Lee en principio, en ese momento no había ningún tipo de datos experimentales de la violación de la paridad, tampoco de la conservación de la paridad. Se veía como mucho más evidente que la paridad espacial se conservara en todas las interac-

---

[2] Véase Chien-Shiung Wu: «One Researcher's Personal Account». («La apreciación personal de un investigador»), en: *Adventures in experimental physics,* volumen Gamma, pp. 101 y ss.

Chien-Shiung Wu

ciones. Filósofos como Immanuel Kant, y en esto todos los físicos le han seguido, han supuesto que un intercambio entre derecha e izquierda en los procesos de la naturaleza no puede dar lugar a ninguna diferencia. Esto significa que para cada proceso físico el fenómeno reflejado espacialmente es igualmente posible y en ellos no es posible distinguir nunca si algo tenía que ver con el original o con su reflejo especular.

Esta representación, que todos los físicos europeos digamos que han mamado era considerada como tan evidente que nadie se molestó por una comprobación experimental. Tenía que deberse a la independencia de criterio científico, libres de las estructuras de pensamiento europeo, como los dos jóvenes chinos, Lee y Yang, el que, al ocuparse del entonces enrevesado acertijo de la física de partículas elementales, se les ocurriera la idea de que el original y el reflejo no tienen por qué ser siempre indistinguibles.

Chien-Shiung Wu veía en esto, con razón, la oportunidad investigadora de su vida: «De resultas de la visita del profesor Lee, empecé a darle vueltas al asunto. Era una oportunidad de oro para un físico dedicado a la desintegración beta de hacer la prueba de fuego y, ¿cómo iba a poder dejarla pasar? Incluso cuando se estableciera que la violación de la paridad era válida en la desintegración beta, el resultado experimental establecería un cota superior para su violación y de esta manera acabaría con ulteriores especulaciones de que la paridad no puede ser violada»[3].

La idea de la señora Wu era utilizar, para la demostración experimental de la violación de la paridad por las interaciones débiles, una fuente de Cobalto-60, una técnica con la que hacía tiempo estaba familiarizada. Sin

---

[3] Véase Wu, ibíd., p. 104.

embargo, se encontraba con difíciles exigencias al tratarse de supuestos completamente nuevos y nunca antes
probados, como fundamento del procedimiento experimental.

La física estaba tan emocionada con su planeado
experimento, que posponía el resto de los planes profesionales y privados en favor de este. «A principios de ese
año, mi marido Chia-Liu Yuan y yo planeamos la asistencia a una conferencia internacional sobre física de
altas energías en Ginebra y queríamos acudir desde allí a
un ciclo de conferencias en el lejano oriente. Ambos
habíamos abandonado China en 1936, exactamente 20
años antes. Nuestros pasajes en el «Queen Elisabeth»
estaban reservados antes de que hubiera sido consciente
de que debía hacer inmediatamente el experimento, antes
de que la comunidad de científicos supiera de la importancia de esta prueba y alguien la llevara a cabo antes que
yo. Aunque sentía que las posibilidades de que la ley de
conservación de la paridad pudiera ser falsa, eran vagas,
debía hacer el experimento necesariamente. De modo
que pedí a Chia-Liu que viajara sin mí. Por suerte, él se
dio cuenta de lo importante que era el factor tiempo y se
declaró dispuesto a viajar solo» [4].

Realmente, había prisa en hacer el experimento si la
señora Wu quería salvaguardar las prioridades y volverse famosa: Lee y Yang habían publicado, en junio de
1956, un artículo con el título «Cuestión sobre la conservación de la paridad en interacciones débiles», en el que
proponían muchos experimentos especiales. El peligro
de que otros físicos experimentales se les adelantaran era
considerablemente grande [5].

---

[4] Véase Wu, ibíd., p. 104.
[5] Véase Freeman J. Dyson: «Innovations in Physics» («Innovacio-
nes en Física»), en: *Scientific American,* septiembre 1958, pp. 80 y ss.

La señora Wu necesitaba para su proyectado experimento nuclear la ayuda de un laboratorio de bajas temperaturas con equipamiento especial que no existía en la Universidad de Columbia. El más próximo era el del National Bureau of Standars en Washington, donde el técnico de bajas temperaturas, Dr. Ernest Ambler de Oxford, trabajaba desde hacía varios años. Ambler se entusiasmó con el plan de Wu en cuanto recibió la llamada de la física neoyorquina, y le ofreció colaboración. Después de tres meses de preparación en la Universidad de Columbia, en la que Chien-Shiung Wu comprobó detectores de rayos beta y estudió efectos de campos magnéticos, se encontró por primera vez con Ambler, a mediados de septiembre, en el laboratorio de éste, en Washington. Sobre este primer encuentro escribiría ella más tarde: «El era exactamente como me lo había imaginado por nuestras numerosas llamadas telefónicas —con voz suave, capaz, eficiente y además, comunicaba confianza» [6].

Ambler introdujo a sus colaboradores, R. P. Hudson, R. W. Hayward y D. D. Hoppes, en el grupo. La señora Wu estaba agradecida por el aumento de personal: «En los excitantes, aunque también enervantes días y noches puesto que podíamos casi dormir, hubieran sido bien recibidos incluso más eficientes colaboradores» [7]. Tras algunos retrocesos y nuevas vueltas a empezar, la señora Wu y los investigadores del NBS vieron por primera vez a mediados de diciembre de 1956 —o sea, medio año después del diseño y comienzo práctico— un efecto de asimetría. No obstante, se cuidaban aún mucho de confiar en lo que veían, por no hablar de comunicar a alguien ajeno al laboratorio su descubrimiento.

[6] Véase Wu, ibíd., p. 110.
[7] Véase Wu, ibíd., p. 111.

En las semanas siguientes, la señora Wu se repartió incansablemente entre el experimento en Washington y sus lecciones y actividades investigadoras en la Universidad de Columbia. Para ella ya casi no existía la vida privada. Por ejemplo, en la noche del día de Navidad, regresó a New York en el último tren, ya que el aeropuerto estaba cerrado debido a una fuerte nevada. No descansó hasta que pudo informar al profesor Lee de que habían observado una asimetría muy grande y que se había reproducido en los experimentos. Prometió un resultado definitivo en breve tiempo, tan pronto como todas las pruebas se concluyeran.

El 2 de enero de 1957, la señora Wu viajó a Washington para la última serie de tests. Entretanto, se habían extendido rumores de que su experimento era tan importante como había sido en su tiempo el de Michelson-Morley, que a finales del siglo XIX rechazó la suposición de la existencia del éter lumínico y consiguió el fundamento para la teoría especial de la relatividad.

El estado de las cosas el 9 de enero por la mañana, a las dos, era este: todos los tests se habían realizado con éxito y la controvertida cuestión de la violación de la paridad se había resuelto terminalmente. El equipo de cinco investigadores se quedó aún un rato en el laboratorio para festejar el gran suceso. En la memoria de la señora Wu se describe así: «El Dr. Hudson abrió sonriente un cajón, sacó una botella de "Château Lafitte Rothschild 1949" y la puso encima de la mesa junto a un par de vasos de papel. Bebimos por la caída de la ley de la paridad»[8].

Por la tarde del mismo día, la señora Wu se apresuró a volver a Nueva York, donde al día siguiente se encontraría con Lee y Yang en la habitación 831 de los

---

[8] Véase Wu, ibíd., p. 117.

laboratorios Pupin de la Universidad de Columbia. Los tres físicos discutieron los resultados de los experimentos, sobre los que la señora Wu ya había redactado un informe para el «Physical Review», que apareció poco después. Tres días más tarde la Facultad de Física de la Universidad de Columbia organizó una conferencia de prensa para dar a conocer públicamente el dramático ocaso del sagrado principio físico de «conservación de la paridad». La noticia aterrizó al día siguiente con un titular en la primera página del *New York Times* y emprendió desde allí su marcha triunfal alrededor del mundo.

Lee y Yang obtuvieron en el mismo año 1957 el Premio Nobel de Física. Chien-Shiung Wu y los cuatro investigadores del National Bureau of Standards no fueron premiados injustamente, según opinan muchos profesionales [9]. El que Chien-Shiung Wu fuera una mujer, no parece haber jugado ningún papel en ello, dado que la importancia de los cuatro físicos del NBS, que polarizaron los núcleos de cobalto, fue también «infravalorada sistemáticamente» [10]. Más bien, el motivo radica en el desprecio de la Física experimental frente a la teórica.

En el caso de Lee y Yang, por un lado, y la señora Wu, por otro, se trata de una situación especialmente delicada, porque Lee y Yang no sólo habían ideado la nueva teoría, sino que también habían proporcionado el encuadre experimental para ello. Sobre esto, el profesor de Física Valentine L. Telegdi de la Escuela Politécnica Federal de Zürich, que experimentó paralelamente con la

---

[9] Por ejemplo, el Premio Nobel de Física de 1988, Jack Steinberg. Véase *Science,* 14 de noviembre de 1988, vol. 242, p. 670.

[10] Véase Prof. Valentine L. Telegdi, Instituto de Física de Altas Energías de la Universidad Politécnica Federal de Zürich, en su escrito del 6 de diciembre de 1989 a la autora.

señora Wu sobre el problema de la violación de la paridad en la Universidad de Chicago y poco más tarde confirmó igualmente la violación de la paridad afirma: «Las opiniones sobre lo que es merecedor digno del Nobel y lo que no, difieren. Personalmente, opino que una prueba que los teóricos han propuesto explícitamente y que se realiza con métodos bien conocidos, no merece ningún Premio Nobel (esto es válido también para mí)» [11].

---

[11] Véase Telegdi, íbid.

Rosalind Franklin

(Francis Crick, James Watson, Maurice Wilkins:
Premio Nobel de Medicina 1962)

El Premio Nobel de Medicina de 1962 fue dividido en tres. Se repartió entre los ingleses Francis Crick y Maurice Wilkins y el americano James Watson, por sus contribuciones a la explicación sobre la constitución del ácido desoxirribonucleico (ADN). Los tres investigadores habían descubierto nueve años antes la denominada estructura de doble hélice del ADN. En las dos cadenas espirales arrolladas una en torno a la otra de la molécula de ADN, están contenidas todas las informaciones y «planos de construcción» de un ser vivo. Este hallazgo del año 1953 se considera el progreso más importante de la biología del siglo XX.

La bioquímica inglesa Rosalind Franklin, que participaba igualmente en este descubrimiento revolucionario, no estuvo en Estocolmo. Había muerto cuatro años antes, a la edad de treinta y siete años, de cáncer, y el comité del Nobel no concede sus premios con carácter póstumo. Sin embargo, si Rosalind Franklin hubiera vivido todavía en 1962, el comité hubiera tenido que encontrar el medio para hacerla partícipe del premio.

El que hoy en día aún se recuerde a Rosalind Franklin se debe no sólo al Premio Nobel que no pudo conseguir, sino, sobre todo, al libro de James Watson *La doble hélice* [1], aparecido en 1968, que transgredió en su día la etiqueta académica y provocó una tormenta de indignación. Rosalind Franklin —llamada por Watson en su libro siempre despectivamente «Rosy»— es una de las protagonistas de la obra. El lector rápido se la representa como una cenicienta sabionda y respondona, en el laboratorio de investigación de Maurice Wilkins. Su peor defecto parecía ser su renuncia total a los atributos de coquetería femenina: «Ella, conscientemente, no hacía nada por subrayar sus características femeninas. A pesar de sus rasgos acentuados, no dejaba de ser atractiva y hubiera sido irresistible con que sólo hubiera mostrado el mínimo interés por su vestimenta. Pero no lo hizo, jamás usó un lápiz de labios, cuyo color quizá hubiera contrastado con su oscuro cabello, y a sus treinta y un años llevaba unos trajes tan faltos de fantasía como los de una adolescente inglesa marisabidilla. Por esto, uno puede imaginarse a Rosy como el producto de una madre insatisfecha, que considera deseable sobre todas las cosas el que las chicas inteligentes aprendieran un trabajo que las protegiera de un matrimonio con hombres aburridos» [2].

---

[1] Véase James Watson: *The Double-Helix,* Londres, 1968. [Hay Ed. Cast., *La doble hélice,* Barcelona, 1988.] Existe una nueva edición crítica del texto inglés: «The Double-Helix. Edition, including text, commentary, reviews, original papers. Ed. por Gunther S. Stent, Londres, 1981.

[2] Véase Watson, Reinbeck, 1969, p. 28.

Watson, que en su libro alude una y otra vez, a que cuenta sólo estrictamente sus propias impresiones personales de la historia del descubrimiento del ADN, escribe en otra parte de forma absolutamen-

La biografía de la americana Anne Sayre, *Rosalind Franklin & ADN*[3], ha intentado posteriormente reivindicar la imagen tan personal, chauvinista en parte sin duda que Watson dibujó sobre la joven cristalógrafa. Por su parte, Sayre ha acusado a ambos premios Nobel, Watson y Crick, de haberse investido con laureles a costa de Rosalind Franklin. No obstante, a Anne Sayre se le han recriminado sus tendencias feministas además de la comisión de serias equivocaciones[4]. Por otra parte, existe una literatura creciente sobre el procedimiento de aquel entonces del descubrimiento del ADN, entre otros, el libro de otro de los propios implicados, el de Francis Crick[5]. Las publicaciones tempranas relativizan

---

te amistosa y comprensiva sobre Rosalind Franklin: «Con visible placer, Rosy mostró a Francis sus bases, y por primera vez él comprendió lo clara que era su demostración de que el esqueleto del azúcarfosfato se encontraba en la parte exterior de la molécula. Sus afirmaciones primeras, libres de compromiso a este respecto, no eran en absoluto efusiones de una feminista extraviada, sino que reflejaban un trabajo científico de primera clase... También tuvimos claro que las dificultades de Rosy con Maurice y Randal se basaban en su muy comprensible necesidad de ser vista como una igual por la gente con la que ella trabajaba. Ya en su primer período en el King's, se había rebelado contra el carácter jerárquico del laboratorio y se había indignado por que sus extraordinarias capacidades en el campo de la cristalografía no fueran reconocidas oficialmente». Véase Watson, Reinbeck, 1969, p. 165. Watson además se ha disculpado en un epílogo de la *Doble-Hélice* por su ocasional descripción poco caballerosa de Rosalind Franklin. Califica aquí sus impresiones sobre ella reproducidas en el libro como de «profundamente falsas». Véase Watson, Reinbeck, 1969, pp. 174 y ss.

[3] Anne Sayre: *Rosalind Franklin and DNA* («Rosalind Franklin y el ADN»), Nueva York, 1975.

[4] Véase, respecto a esto, Jeremy Bernstein: *Erlebte Wissenschaft, Berühmten Forschern über die Schulter geschaut... Streit und Leid: Rosalind Franklin y La doble hélice».* (Ciencia unida, investigadores famosos mirados por encima del hombro... Lucha y padecer: Rosalind Franklin y la doble hélice). Viena, Düsseldorf, 1982, pp. 164 y ss.

[5] James Crick: «What a Mad Pursuit. A personal View of a Scientific Discovery», Nueva York, 1988. [Hay Ed. Cast., *Qué loco propósito,* Barcelona, 1989].

Rosalind Franklin

la tesis de Sayre de «robo de la fama» [6] a Rosalind
Franklin, no obstante, la investigadora inglesa encuentra
en todas partes reconocimiento duradero, incluso entre
sus antiguos competidores: «De todas formas el trabajo
experimental de Rosalind Franklin era de primera clase.
Difícilmente hubiera podido ser mejor» [7].

Rosalind Elsie Franklin nació el 25 de julio de 1920 en
Londres. Era la segunda de un total de cinco niños,
entre ellos tres varones, de Ellis y Muriel Franklin [8].
Provenía de una antigua familia, bien considerada, de
banqueros y artistas judíos/británicos, que estaba muy
bien situada. Rosalind Franklin dispuso toda su vida de
unos ingresos privados que la hicieron independiente
económicamente. No hubiera necesitado ninguna colo-
cación para asegurarse su sustento y se dedicó a la
ciencia tras una exquisita educación en el St. Paul Girl
School londinense, por puro gusto. Su padre habría
visto con mayor agrado si ella hubiera desempeñado una
labor social o se hubiera casado y tenido hijos. Pero
Rosalind, en contra de las ideas de su padre, comenzó
sus estudios científicos en Cambridge.

Rosalind Franklin era obviamente, ya en su temprana
juventud, una persona tan voluntariosa como temperamental, a la par que también cerrada y tímida. Su madre
describe lo pasional e intensamente que tomaba parte la
joven en muchas cosas: «Sus inclinaciones, tanto de niña,
como también en su vida posterior, eran fuertes y
profundamente consistentes; sólo que ella no mostraba
sus sentimientos y podía expresarse difícilmente con

    [6] Véase Sayre, ibíd., pp. 189 y ss.
    [7] Véase Crick, Munich, 1990, p. 100.
    [8] Véase a este respecto y siguientes Bernstein, ibíd., pp. 167 y ss.
Robert Olby: Rosalind Franklin, en: *Dictionary of Scientific Biography*,
vol. 5, Nueva York, 1981, pp. 139-142; también Sayre, íbid.

palabras. Esta mezcla de fortaleza de sentimientos, sensibilidad y reserva, frecuentemente complicada con la intensa concentración en lo que en cada momento estaba haciendo..., podía provocar tanto frío silencio como una tormenta... La fuerza de voluntad y su conducta a veces altiva y temperamento impetuoso quedaron como una característica suya toda su vida» [9].

El director de tesis de Rosalind Franklin en Cambridge, el posteriormente Premio Nobel de Química Ronald Norrish, la juzgaba como «obstinada y difícilmente manejable», como persona «con la que la colaboración no es fácil» [10]. Maurice Wilkins, colega de ella en el King's College, la encontraba «bastante salvaje, sabe usted. Ella se cuidaba de ser particular, y eso hacía de todas todas; en lo que a mí concierne, era totalmente imposible llevar una conversación civilizada con ella. En esas situaciones yo optaba por irme» [11]. El colaborador de Rosalind Franklin en el King's College, Raymond Gosling, hacía notar sobre todo la prioridad de sus aspiraciones intelectuales en el trato con otras personas: «Ella no soportaba a la gente tonta. Uno debía estar centrado en la discusión, si no, podía perderse en la conversación, como a menudo sucedía» [12].

Muy pronto se decidió la joven científica en contra del matrimonio: «La imagen del matrimonio de Rosalind Franklin se basó hasta la tercera década de su vida, en aquello que había visto en el matrimonio de sus padres, que consideraba un ejemplo fiel del prototipo tradicional: hombre fuerte y dominante, mujer subordinada... El matrimonio, considerado de la única forma en que Rosalind Franklin podía verlo, estaba tan contrapuesto a las

---

[9] Véase Sayre, ibíd., p. 26.
[10] Véase Sayre, ibíd., p. 56.
[11] Véase Sayre, ibíd., p. 105.
[12] Véase Sayre, ibíd., p. 105.

exigencias que ella se imponía respecto a su trabajo que la renuncia a esa posibilidad puede haber significado una especie de alivio»[13].

Rosalind Franklin fue, en 1938, al Newnham College, en Cambridge. Abandonó Cambridge en 1942, a la edad de veintidós años, con una formación de físico-química. Su primer puesto de trabajo lo desempeñó en la «British Coal Utilization Research Association», una organización para la investigación de las propiedades físico-químicas del carbón. Permaneció cinco años, trabajando con mucho éxito.

En 1947, fue a París al «Laboratoire Central des Services Chimiques de l'Etat». Esos años en la atmósfera abierta, relajada y excitante de la posguerra francesa, fueron probablemente el período más feliz de su vida para la joven investigadora, tanto profesionalmente como en privado[14].

En París, Rosalind Franklin descubrió un campo de investigación nuevo para ella, las cristalografía de rayos X, es decir, el análisis de estructuras cristalinas con ayuda de los rayos X. Esta nueva técnica fue la llave para su regreso al King's College londinense —cuando tenía treinta años de edad— en 1950. En el King's College, le esperaba una beca de investigación y, al mismo tiempo, el encargo de construir un departamento de difracción de rayos X que, en aquel entonces, faltaba en el laboratorio[15]. Como complemento, debía investigar en el campo de los ácidos desoxirribonucleicos, para los que había, ya antes de su entrada, un largo programa de investigación en curso[16]. El discípulo de Wilkins, Ray-

---

[13] Véase Sayre, ibíd., p. 53.
[14] Véase sayre, ibíd., p. 70.
[15] Véase Sayre, ibíd., p. 84.
[16] Véase Bernstein, ibíd., pp. 171 y s.

mond Gosling, había terminado ya las placas radiográficas del ADN, que, sin embargo, no mostraban la nitidez deseada.

Rosalind Franklin comenzó en septiembre de 1951, junto con Gosling, a desarrollar tomas propias. Al principio hizo avances rápidamente en este sentido, mejorando una técnica desarrollada por Wilkins de añadir agua al ADN. Wilkins y Gosling habían irradiado con rayos X primeramente la forma cristalina del ADN extraído, la llamada forma A. La señora Franklin y Gosling encontraron entonces que la forma del ADN cambiaba completamente al sustituir agua. Se transformaba de la forma A a la llamada forma B y procuraba las mejores muestras de ADN que existían hasta entonces. La señora Franklin interpretó las imágenes acertadamente como indicativo de una estructura espiral del ADN, sin embargo, no publicó sus resultados [17].

A finales de 1951 Franklin y Gosling empezaron a ocuparse otra vez de la forma A. Las muy complicadas muestras en las tomas de rayos X habían despertado nuevamente su interés [18]. Al principio, Rosalind Franklin estaba convencida de que esas imágenes también mostraban una estructura espiral o helicoidal [19]. Más tarde cambió de opinión y continuó hasta enero de 1953 por un camino equivocado. Finalmente, volvió a la forma B y sopesó estructuras helicoidales simples y múltiples. El 17 de marzo, escribió, junto con Gosling, un informe corto sobre ello, más tarde vuelto a rechazar, en el que se debatía entre hélices dobles o triples. Sólo cuando supo que Watson y Crick habían resuelto la estructura de la forma A, desempolvó su informe del 17

---

[17] Véase Bernstein, ibíd., pp. 174 y s.; Olby, Nueva York, 1981, p. 140.
[18] Véase Bernstein, ibíd., p. 176.
[19] Véase Bernstein, ibíd., p. 176.

de marzo y lo reelaboró a la luz del resultado de Cambridge, de modo que, el 25 de abril, pudo aparecer en la revista *Nature*, junto con el famoso artículo de Watson y Crick sobre la estructura y función del ADN, así como junto con otro artículo del grupo de Wilkins sobre el ADN[20].

Watson y Crick, por su parte, quedaron impresionados por lo mucho que las tomas de rayos X de Franklin y Gosling reafirmaban su propia estructura del ADN. Crick describe su sorpresa, «cuando descubrimos que ellos habían llegado tan lejos» y su alegría «de cuánto apoyaba a nuestra teoría su material experimental»[21]. Tras su artículo, formulado aún con relativa precaución, del 25 de abril en *Nature*[22], Watson y Crick publicaron cinco semanas más tarde un segundo trabajo, mucho más especulativo, sobre la importancia genética del ADN. Con ello, resolvían claramente en su beneficio el acertijo bioquímico del ADN decidiendo la controversia a su favor.

El que Watson y Crick finalmente ganaran la carrera en el descubrimiento de la doble hélice es tanto más sorprendente por cuanto que ninguno de ellos —en contraposición a Maurice Wilkins y Rosalind Franklin— había trabajado en primera línea sobre el ADN o hecho ningún experimento sobre ello. Crick, de treinta y un años de edad, un conocido de Maurice Wilkins, estaba todavía haciendo su tesis doctoral sobre la disfracción de rayos X en proteínas, cuando conoció en 1951 al americano, ocho años más joven que él, Jim Watson, que

---

[20] Véase Olby, Nueva York, 1981, p. 140.
[21] Véase Crick, Munich, 1990, p. 97.
[22] La pretensión de prioridad sólo dejó escapar esta frase: «no se nos escapó que el emparejamiento específico que habíamos postulado tenía relación directa con un mecanismo de copia del material genético». Véase Crick, Munich, 1990, p. 33.

había llegado a Cambridge con una beca de investigación. Tanto Crick como Watson estaban fascinados por el problema del ADN, que en aquel momento estaba en el aire, y lo convirtieron en su hobby privado de investigación. Estaban de acuerdo en que el camino adecuado para la explicación de la estructura del ADN era la construcción de diferentes modelos.

Su primer intento con un modelo terminó con un fracaso. Siguieron probando y tuvieron más suerte la siguiente vez, al conseguir Jim Watson, por casualidad, la determinación de los pares de bases correctos del modelo. Crick escribió más tarde sobre esto: «En cierto sentido, el descubrimiento de Jim era fortuito, pero, al fin y al cabo, en todos los descubrimientos juega un poco la suerte. Es más importante el que Jim buscara algo importante y que reconociera a primera vista el significado de los pares de bases correctos, que el haberlos descubierto por casualidad, ya que, "la casualidad ayuda a aquel que está preparado"»[23].

Los científicos del King's College londinense estaban en contra de la hipótesis de Watson y Crick antes de que fuera desarrollada con éxito. Sobre todo, Rosalind Franklin pretendía aprovechar sus datos experimentales tanto como fuera posible, sin entrar por ello en especulaciones. Crick supone que «ella tenía la opinión de que, el adivinar la estructura probando los distintos modelos y requiriendo sólo un mínimo de datos experimentales, era demasiado atrevido»[24]. Y aún escribe: «Todo lo que ella hacía, era completamente razonable, quizá demasiado razonable... Y un motivo para ello era según mi estimación, ...el que ella tenía la sensación de que una mujer debía demostrar que era realmente una profesio-

---

[23] Véase Crick, Munich, 1990, p. 95.
[24] Véase Crick, Munich, 1990, p. 99.

nal. Jim no adolecía de esa clase de escrúpulos referidos a sus capacidades. Simplemente quería la respuesta, el obtenerla con ayuda de métodos razonables o atrevidos, no le preocupaba lo más mínimo. Todo lo que deseaba era obtener la solución tan pronto como fuera posible» [25].

El irreprochable modo de trabajar experimental de Rosalind Franklin tuvo, como consecuencia, a la postre, que ella avanzara sólo lentamente. Esto no hubiera sido ningún problema si se hubiera dispuesto de tiempo suficiente. El propio Crick —al igual que otros— parece tener la opinión de que Franklin hubiera necesitado pocas semanas o meses más para igualarse a él y Watson [26].

Otras circunstancias adyacentes al trabajo de Franklin se muestran igualmente como un obstáculo, como su frío comportamiento hacia Maurice Wilkins, con el que competía más que colaboraba [27]. Aunque ambos experimentaban en el mismo laboratorio con el ADN, la situación, semejante a un enfrentamiento bélico entre ellos, impedía un ritmo de investigación estable: «si hubieran podido llegar a un intercambio de ideas operativo, hubiera sido completamente posible y probable el que hubieran descubierto ya en 1953 la estructura del ADN» [28].

Apenas puede uno imaginarse que en noviembre de

[25] Véase Crick, Munich, 1990, p. 100.

[26] Véase Sayre, ibíd., p. 214; también Aaron Klug: «Rosalind Franklin and the Discovery of the Structure of the DNA» («Rosalind Franklin y el descubrimiento de la estructura del ADN»), en: *Nature,* 24-8-1968, pp. 808-810.

[27] «El comportamiento de Franklin hacia Wilkins no era en última instancia problemática, porque ella tuviera la sospecha de que él la quería en realidad preferiblemente como ayudante que como investigadora independiente». Véase Crick, Munich, 1990, p. 37.

[28] Véase Bernstein, p. 174.

1951 se diera incluso un momento en el que Watson y Crick propusieran a los investigadores del King's College un curso conjunto —en concreto, después de que su primer modelo, que habían hecho público solemnemente durante la ausencia de Franklin y Wilkins de Cambridge, se confirmara como falso. El momento no fue ciertamente elegido muy inteligentemente, y la oferta de colaboración de Watson y Crick se encontró con el frío rechazo de los científicos de Londres.

Watson y Crick se las arreglaron solos después. El que usaran los datos por ellos conocidos, en gran parte públicos, de Wilkins y Franklin, no puede recriminárseles apenas; sobre todo, porque ellos no han escondido esta circunstancia [29]. Anne Sayre, sin embargo, defiende que Rosalind Franklin tuvo que soportar «un largo y furtivo robo» de sus ideas. Afirma: «Watson y Crick tendrían que haber escrito y publicado por sí solos un trabajo propio sobre el esquema de construcción de los pares de bases, lo que les hubiera asegurado a ambos una fama permanente. Acerca de la estructura completa (del ADN) se debió haber escrito un artículo conjunto con una aclaración específica sobre qué participación provenía de Crick, Watson y Rosalind Franklin. En tal caso, ciertamente, la fama de los descubridores se hubiera repartido más, pero no habría habido históricamente ninguna incertidumbre acerca de quién había hecho qué. La fama habría alcanzado a todos» [30].

A pesar de ser comprensible su esfuerzo por mostrar la legitimidad del trabajo de Rosalind Franklin en el

---

[29] La primera contribución de Crick y Watson del 25-4-1953 en *Nature* lleva al final una nota de agradecimiento: «La vista sucinta de los resultados experimentales no publicados e ideas de Dr. M. F. Wilkins y Dr. R. E. Franklin y sus colaboradores del King's College de Londres también nos sirvió de estímulo».

[30] Véase Sayre, ibíd., pp. 189-192.

descubrimiento en el ADN, esta crítica no está justifica-
da. De todas formas, parece infantil presentar a los
participantes ganadores en la carrera por un descubrimiento como si ellos se hubieran negado a dividir la
victoria explícitamente. ¿Por qué hubieran debido proponer Watson y Crick a Rosalind Franklin colaborar,
después de haber conseguido su objetivo en 1953, cuando la misma investigadora había rechazado la oferta de
cooperación en mitad del proceso? [31].

El intento de hacer de Rosalind Franklin una mártir
no parece estar apoyado en los hechos [32]. Aaron Klug,
Premio Nobel de Química de 1982 y colaborar de
Rosalind Franklin en los años cincuenta, durante los
últimos años de trabajo de ésta en el Birbeck College
londinense dirigida por el famoso cristalógrafo, John
Bernal, confirma con posterioridad que la señora Franklin no se tenía ni como un cruzado ni como pionera
femenina. Simplemente, quería ser aceptada como una
científica seria.

Parece que esto lo consiguió finalmente; en el laboratorio de Bernal trabajó sobre el virus mosaico del
tabaco y amplió las ideas cualitativas de Watson y Crick
sobre la forma espiral del ADN a una representación
cuantitativa.

En la actualidad Rosalind Franklin ha adquirido su
merecido puesto como experimentadora de primera clase
en la crónica del desarrollo conjunto que condujo al

---

[31] Véase Bernstein, ibíd., p. 182.

[32] A este respecto dice Crick: «Ocasionalmente se habló de que
Rosalind había tenido dos clases distintas de sufrimientos, el de ser una
científica y además una mujer. Sin duda, había algunas restricciones
irritantes —ella no podía beber café en las habitaciones de la facultad
reservadas para los hombres—, pero éstas eran de naturaleza secunda-
ria, al menos así me lo parecía en aquel entonces. Hasta donde yo podía
ver, sus colegas trataban igual a los científicos masculinos y femeninos». Véase Crick, Munich, 1990, p. 37.

descubrimiento del ADN. La cuestión acerca del Premio
Nobel se decide —si bien hipotéticamente— a su favor.
Pesa más la opinión de que, finalmente, no se habría
dejado fuera a Rosalind Franklin en la entrega del
premio [33]. Parece, por tanto, que sólo su muerte la privó
de él.

---

[33] Véase también John D. Bernal: *The Lodestone 55* («El imán 55»),
núm. 3, Birckbeck College 1965, p. 41.

Jocelyn Bell Burnell

(Anthony Hewish: Premio Nobel de Física 1974)

También en el año 1974 hubo una científica en la sombra en la materialización de un Premio Nobel: sin el trabajo ímprobo de la joven radioastrónoma inglesa, Jocelyn Bell Burnell, de Cambridge, que a finales de los años sesenta descubrió los cuatro primeros púlsares, apenas hubiera sido posible que su director de tesis, el profesor Anthony Hewish, fuera destacado con el Premio Nobel de Física de 1974 «por su papel decisivo en el descubrimiento de los púlsares». Los «púlsares», en aquel entonces un nuevo tipo de cuerpos celestes, son, según se entiende actualmente, estrellas de neutrones rotantes de pequeño diámetro y gran densidad, probablemente vestigios de explosiones de supernova que emiten impulsos de radiofrecuencia que son detectados en la Tierra. En la época del descubrimiento, los púlsares ni se esperaban ni se correspondían con el concepto teórico en vigor.

Jocelyn Bell Burnell, a quien propiamente debe agradecerse esta «serendipia», es decir ese imprevisto y feliz hallazgo de los púlsares, no se sintió sin embargo dejada a un lado. Ella dio su opinión entonces en la revista científica inglesa *New Scientist*[1]: «Hewish tuvo en última instancia la idea, planeó y consiguió el dinero para el radiotelescopio con el que conseguí este descubrimiento». La joven radioastrónoma no se calla sin embargo que ella misma, siendo una doctoranda de veinticuatro años había hecho propiamente el trabajo en ese telescopio: había analizado diariamente treinta metros de impresiones, hasta que se encontró con los notables nuevos cuerpos celestes. A pesar de ello, Jocelyn Bell Burnell siguió siendo modesta: «cualquier otro en nuestro telescopio hubiera encontrado los púlsares igualmente, con un poco de atención», dijo ella. En septiembre de 1968, abandonó Cambridge con su recién conseguido birrete de doctor.

Poco después de la entrega de Premio Nobel se corrió el rumor de que se había engañado a Jocelyn Bell sobre su participación en éste. Ella había hecho el trabajo y Hewish, como su superior, se había embolsado por ello la recompensa. Realmente, el Premio Nobel a Hewish fue concedido no por su descubrimiento de los púlsares, sino «por su papel decisivo en el descubrimiento de los púlsares».

Un enérgico abogado de su causa lo encontró Jocelyn Bell, sin su propia intervención, en el colega de Hewish y supuesto acérrimo opositor, Fred Hoyle. El astrofísico Fred Hoyle llamó sencillamente al Premio Nobel de Hewish «un escándalo». En una misiva a la sección de cartas al director, siempre disponible para dicho tipo de

---

[1] *New Scientist,* 31-10-1974, p. 345; «The Woman behind the Pulsars» («La mujer detrás de los púlsares»).

debates, del *Times*[2] londinense, afirmó que el descubrimiento de Bell Burnell de los púlsares se había ocultado
durante seis meses, hasta que apareció finalmente publicado. Hoyle continuaba objetando que la publicación
llevaba el nombre de un total de cinco autores; aparte de
Hewish y Bell Burnell firmaban otros tres científicos que
habían contribuido a la discusión sobre la redacción del
artículo. Hoyle criticó asimismo las características del
artículo: estaba compuesto por dos partes, la primera
contenía la descripción del descubrimiento del primer
púlsar y su consiguiente análisis; la segunda, la exposición de lo que Hewish había concluido a continuación,
que en opinión de Hoyle cualquier otro laboratorio
también hubiera podido aportar.

El descubrimiento de las radioseñales por Bell Burnell
y su hallazgo de que las fuentes de las señales debían
estar en el lejano espacio exterior y no podían ser de
origen humano, era según la apreciación de Hoyle, el
paso decisivo: «Una vez que este paso estaba dado, a
partir de entonces ningún suceso casual podía cambiar el
resultado de facto». Hoyle lamentaba «la tendencia a
sobrevalorar la grandeza del trabajo de la señorita Bell,
ya que resulta muy fácil el simplemente revisar meticula-
samente una gran cantidad de datos previamente obteni-
dos. Esta tarea procedía de la disposición a tomar en
consideración un fenómeno que toda la experiencia pasada consideraba imposible. Debo tornar en mi memoria
hasta el descubrimiento de la radiactividad por Henri
Becquerel para encontrar un ejemplo comparable de
osadía científica»[3].

Hewish respondió a Hoyle tres días después de este

---

[2] Véase *London Times*, 8-4-1975.
[3] Véase *London Times*, íbid.

Jocelyn Bell Burnell

reproche enviando una nueva carta al *Times*[4]. Negaba
que las fuentes pulsadas celestes hubieran sido problemá-
ticas en algún aspecto, por ejemplo, si se hubieran dado
ligeras desviaciones en el tiempo de aparición. En primer lugar, una vez que se había podido excluir la
posibilidad de que fueran fuentes perturbadoras prove-
nientes de actividades humanas, se hubo de establecer
bajo su dirección si las señales procedían verdaderamente del universo. Los tests necesarios para ello se finaliza-
ron en enero de 1968, a pesar de que las fuentes ya
habían sido descubiertas en agosto de 1967. Hewish
alabó, al final de su réplica, el trabajo de Jocelyn Bell.
No obstante, refutó a continuación la suposición de que
otros que hubieran realizado una observación del cielo
habrían pasado por alto los púlsares: «con absoluta
seguridad cualquier otro también los hubiera encontrado»[5].

En lo que respecta a la versión de Jocelyn Bell Burnell
acerca de la historia del descubrimiento de los púlsares,
no se diferencia de la de Hewish. La señora Burnell
piensa que «Tony» Hewish —como ella llamaba a su
antiguo tutor— mereció el premio y que a ella se la trató
correctamente. Además, Hewish había corrido un gran
riesgo en el asunto y debía ganar más por ello: «mis
conocimientos de astronomía no eran tan buenos como
los de Hewish, y yo no arriesgaba tanto como él.
Además, él fue el que comprendió que no provenía de
ninguna estrella, yo misma no me di cuenta de por qué
no podía tratarse de una estrella. Seguí considerándolo

[4] Véase Nicholas Wade: «Discovery of Pulsars: A Graduate Stu-
dent's Story» («El descubrimiento de los púlsares»), en *Science,* vol.
189, 1-8-1975, p. 358.
[5] Véase *London Times*, 11-4-1975.

una estrella hasta que se me indicó que pulsaba demasiado rápido»[6].

El descubrimiento de los púlsares fue una experiencia excitante en la vida de Jocelyn Bell Burnell que, en aquel entonces, acababa de cumplir veinticuatro años. No obstante, el remolino que provocó su éxito de investigación no la dejó relegada. Finalmente, ella no se sintió embaucada, aunque no está de acuerdo con que su hallazgo de los púlsares de los púlsares «fuera automático cien por cien»[7].

Jocelyn Bell llegó a Cambridge en 1965 como estudiante de los cursos superiores. Desde que ella pueda recordar, quería ser astrónoma[8]. Nació en el año 1943 en el norte de Irlanda, donde su padre trabajaba como arquitecto. El construyó un observatorio para la ciudad de Armagh y, de niña, Jocelyn le acompañaba esporádicamente cuando él tenía algo que hacer allí. Cuando los astrónomos se dieron cuenta del interés de la niña por su materia, le dieron un montón de consejos. Uno de ellos le aseguró era preciso entrenarse para mantenerse despierto hasta altas horas de la madrugada si se quería llegar a despuntar en astronomía. Dado que a Jocelyn, ya de adolescente, no le seducía la idea de permanecer en vela por las noches, volvió a casa muy abatida. Por suerte, al poco tiempo oyó hablar de una nueva rama de la astronomía, que no le privaba a uno necesariamente el sueño nocturno: la radioastronomía.

El camino que tuvo que recorrer no fue fácil: primero tuvo que superar en la Universidad de Glasgow la rémora de su modesta educación escolar en ciencias. Lo

---

[6] Véase Wade, ibíd., p. 362.
[7] Véase Wade, ibíd., p. 363.
[8] Horace Freeland Judson: «Fahrplan für die Zukunft. Die Wissenschaft auf der Suche nach Lösungen. Ein Gespräch mit Jocelyn Bell Burnell», Munich, 1981, p. 98.

consiguió. Al final del primer año de estudios era la
única mujer que quedaba en su promoción en la Facultad de Física. Obtuvo un diploma en Física por el que
consiguió ser aceptada, en 1965, como doctoranda de
Anthony Hewish en el campo de investigación de la
radioastronomía, en la Universidad de Cambridge. Hewish tenía planeado encargarse de una radioobservación
del cielo obteniendo así, a través de una búsqueda
sitemática de radiofuentes, un aspecto general de los
llamados «quásares» contenidos en el espacio; éstos descubiertos poco antes, eran objetos celestes lejanos que
emitían ondas de radio extremadamente intensas.

Antes de empezar a investigar, tenía que realizar otro
tipo de tareas. Los doctorandos son frecuentemente
apodados en broma esclavos. En el caso de Jocelyn Bell
Burnell, se trataba de algo más que un chiste. Pasó sus
dos primeros años en Cambridge ocupada con la construcción del radiotelescopio gigante, en el que tendría
que trabajar. Ocupaba aproximadamente 18.000 metros
cuadrados de suelo, o sea, una superficie en la que
hubieran cabido 57 pistas de tenis: «Clavamos postes de
madera en el suelo, unos mil, fijamos las antenas —alambre de cobre entre los postes— y las unimos con cable
conductor. Creo que eran 190 kilómetros de alambre y
cable»[9]. Aunque delicada de complexión, la joven mujer
podía, al final de ese esfuerzo físico de todo un año
blandir sin esfuerzo un martillo de 10 kilos[10].

En julio de 1967, el sistema estaba listo y Jocelyn Bell
se puso en marcha. Analizó concienzudamente los datos
que arrojaba —diariamente una larga tira de treinta

---

[9] Véase Judson, ibíd., p. 99.
[10] Véase S. Jocelyn Bell Burnell: «The Discovery of Pulsars» («El
descubrimiento de los púlsares»), en: *Serendipities. Discoveries in Radioas-
tronomy,* NRHO Workshop, K. I. Kellermann, S. B. Sheets, Green-
bank, 1983, pp. 160-170, especialmente p. 161.

metros de largo de papel milimetrado impreso— sin
poder ayudarse con un computador, ya que sólo manual-
mente era posible realizar el análisis diferenciador. Su
problema estribaba en distinguir las sensibles fuentes
pulsantes buscadas de perturbaciones de procedencia
humana, por ejemplo, excluir la radio de la policía,
medidores de altura de aviones o emisiones piratas. El 6
de agosto de 1967, Jocelyn Bell descubrió el primer
púlsar. No obstante, al principio no se fiaba de su
descubrimiento, dado que no había encontrado más que
una pequeña curiosidad, que provenía de una determina-
da línea en el cielo, a una hora inusualmente tardía, y que
aparecía sólo algunas veces. Por tanto, ella contaba sólo
con unos picos repetitivos de un segundo y un tercio en
el diagrama, que no se podían clasificar.

Hewish tampoco supo explicar el fenómeno al principio y le atribuyó un origen humano. No obstante, esta
explicación era poco plausible porque el objeto daba
vueltas como las estrellas, mantenía la misma posición en
el cielo y se regía por el tiempo estelar, en el que el día
tiene veintitrés horas y cincuenta y seis minutos. Por
ello, enseguida empezó a circular el chiste de que podrían ser pequeños hombrecillos verdes los que enviaban
las señales.

La noche antes de que Jocelyn Bell en 1967 partiera
de viaje para las vacaciones de Navidad, descubrió en
otro lugar del cielo el mismo fenómeno. Depositó el
hallazgo en papel milimetrado a Hewish sobre su escri-
torio, sin comentarios. Tras su regreso, se le mostraron
enseguida en el diagrama de otra zona del cielo otras dos
de las consabidas desviaciones de la aguja. Con ello,
existían cuatro de dichos objetos en cuatro zonas del
cielo completamente distintas.

Se llegó al mes de febrero de 1968, y Jocelyn Bell
entregó el trabajo de observación al siguiente doctoran-

do. Se retiró para analizar todos los mapas disponibles y escribir su tesis, lo que consiguió obviamente sin esfuerzo» [11].

Al final de enero, se presentó la publicación sobre el primer púlsar, que apareció en febrero de 1968 en *Nature* [12]. Jocelyn Bell informa que no estaba completamente satisfecha con el período de observación analizado: «la publicación estaba basada en tres horas completas de observación, lo cual yo consideraba un poco arriesgado» [13]. El nombre de Bell Burnell era el segundo en la publicación en *Nature* en la lista de autores, después del de Hewish, seguido de otros tres miembros del grupo de radioastronomía, que habían ayudado en las diferentes etapas del análisis de investigación. Según costumbre científica, faltaba toda indicación sobre las características de la contribución de cada uno.

La publicación en *Nature* fue una sensación. Jocelyn Bell comentó más tarde escuetamente: «nosotros habíamos mencionado tontamente en el artículo que se nos había ocurrido la idea de otras civilizaciones, y cuando la gente leyó esto el comentario se sacó de sus casillas. Y aún más cuando descubrieron que J. Bell era una mujer» [14]. Ella no tenía que pronunciarse sobre su descubrimiento sino sobre todo sobre si era mayor o menor que la princesa Margaret y de cómo le iba con sus novios.

---

[11] Véase S. Jocelyn Bell Burnell: «Petit Four» («Pequeño fracaso»), en: *Annals of the New York Academy of Sciences,* vol. 302, 1977, p. 685: «Mi director de tesis leyó amigablemente un bosquejo de mi tesis y me advirtió que parecía más un discurso de banquete que una tesis de la Universidad de Cambridge».

[12] Véase A. Hewish, S. J. Bell, J. D. H. Pilkington, P. F. Scott, R. A. Collins: «Observations of a Rapidly Pulsating Radio Source» («Observaciones de una fuente de ondas de radio rápidamente oscilante»), en: *Nature,* vol. 217, 24-2-1968.

[13] Bell Burnell: *The Discovery of Pulsars,* ibíd., pp. 169-170.

[14] Véase 13.

No obstante el nombre «púlsar» para las recién descubiertas estrellas de neutrones ha de agradecerse claramente a un periodista: el término fue acuñado parece ser, no por el propio grupo de investigación, sino por corresponsales científicos del *Daily Telegraph*.

Cuando la prensa se volcó en tromba sobre los púlsares, Jocelyn Bell ya tenía otra cosa en la cabeza: escribía el último capítulo de su trabajo de doctorado y estaba a la vez buscando un puesto en el sur de Inglaterra, donde su prometido trabajaba de funcionario. Poco después de esto, se casó y se trasladó, como Jocelyn Bell Burnell, a Southhampton para trabajar en el laboratorio Mullard para ciencias espaciales. Allí, analizó durante cinco años datos de vuelos de satélites. Le quedaba poco tiempo para la investigación, lo cual lamentaba, pero había aceptado el trabajo porque quería tener un puesto de trabajo cercano a su marido. Resignada, afirmó en aquel entonces: «sencillamente es imposible, si dos personas viven juntas, que ambas consigan hacer carrera. Una de ellas debe quedarse atrás y darse por satisfecha con una sucesión de trabajos, en lugar de perseguir una carrera» [15]. Ella trata siempre de convencerse de que ya había vivido más diversión y felicidad que la que uno puede imaginar para sí en toda su vida, y que ahora debía ejercer una ciencia segura, sólida y sin sobresaltos [16].

En 1974, Jocelyn Bell Burnell se cambió al laboratorio de Hombury St. Mary. Allí trabajó tras el nacimiento de su hijo, primero sólo media jornada, ya que quería dedicar las tardes a su hijo en casa. Ahora, Jocelyn Bell Burnell está empleada en el Royal Observatory en Backford Hill, Edimburgo. Dirige la sección responsable del funcionamiento del telescopio James Clerk Maxwell, de

---

[15] Véase *New Scientist*, íbid.
[16] Véase Bell Burnell: *Petit Four,* ibíd., p. 688.

la montaña de 4.200 metros de altura, Mauna Kea, en Hawai.

Jocelyn Bell Burnell, obviamente, no se ha sentido nunca discriminada en la ciencia como mujer: «todas estamos acostumbradas a ser una de las poquísimas mujeres en una empresa predominantemente de hombres. A pesar de todo, disfrutamos con esta situación: la gente sabe quién eres y, a excepción de algunos, los hombres son agradables con nosotras. Nosotras no hemos tenido experiencia de acosos sexuales» [17].

Todavía queda sin respuesta la pregunta de sobre si Jocelyn Bell Burnell, en 1974, debió haber obtenido una parte del Premio Nobel de Física, por su descubrimiento de los púlsares. La mayoría de los colegas de su campo contestan negativamente, dado que entre científicos domina en general la opinión de que el Premio Nobel no debe entregarse por un único y casual descubrimiento, sino que debe corresponder a un científico con una larga trayectoria de contribuciones científicas consagradas. El testamento de Nobel, sin embargo, no hacía mención a la exigencia de una carrera científica previa al premio. Sólo estableció que «la persona, que el año anterior haya hecho el descubrimiento o hallazgo más importante», debía obtener el premio. Los expertos están de acuerdo en que los púlsares fueron un descubrimiento de ese tipo.

Además, el descubrimiento de los púlsares no estaba planeado previamente ni predicho. Hewish «simplemente se tropezó con ellos», como él mismo dijo en su conferencia del Nobel [18]. No obstante, primero se trope-

---

[17] Véase S. J. Bell Burnell: «Female Scientist - Feat or Freak?» («Mujeres científicas: ¿Hecho o capricho?»), en: *WISE'84*, febrero 1985, editado por Stella Butler, Manchester Museum of Science and Industry Trust, p. 1.

[18] Véase A. Hewish: «Pulsars and High Density Physics» («Púlsares y Física de altas densidades»), en: *Science*, vol. 188, 13-6-1975, p. 1.083.

zó Jocelyn Bell Burnell y se necesitó la experiencia y reputación de un científico reconocido como Hewish para dar a conocer el descubrimiento en la comunidad científica.

Queda sin resolver el problema de lo independiente —y, por tanto, prescindible— que fue la contribución de Jocelyn Bell Burnell al descubrimiento de los púlsares y de si Hewish se hubiera «tropezado», sin su intervención, con los nuevos objetos celestes. Es la vieja pregunta sobre la relación profesor-alumno; por ejemplo, sobre la diferencia entre una total colaboración científica con responsabilidad propia y una ayuda científica supervisada ¿Qué papel jugó en el caso de Hewish y Burnell la experiencia, cuando supuestamente, en el campo de las universidades inglesas, los doctorandos son dirigidos por sus tutores en un trabajo científico independiente? Hewish alabó en su conferencia del Nobel a Burnell, por su «esfuerzo, cuidado y tenacidad, que condujo tan pronto a nuestro descubrimiento en nuestro programa de investigación» [19].

El descubrimiento de Burnell acerca de la naturaleza periódica de las señales de los púlsares parece, no obstante, haber sido más bien el fruto de una memoria y capacidad de observación propia y no sólo el resultado de una rutina laboriosa y de una perseverante paciencia. En el descubrimiento de los púlsares, la joven científica fue más allá de las indicaciones concretas recibidas, aunque su proceder se inscribiera dentro del marco que se le había señalado. Quizá, el próximo doctorando hubiera descubierto también los púlsares. El hecho histórico es, no obstante, que fue Jocelyn Bell y ninguna otra persona, aún cuando, hoy en día, han sido localizados más de 130 púlsares en las áreas celestes.

---

[19] Véase Hewish: «Pulsars...», íbid.

La posibilidad de juzgar el mérito del trabajo de Jocelyn Bell Burnell de una forma totalmente distinta, fue hasta patente por el Instituto Franklin de Filadelfia, que otorga la medalla «Albert A. Michelson» cada dos años; este entregó dicha mención, en 1973, a Hewish y Burnell conjuntamente, «por esfuerzos iguales» [20].

Por parte, ninguno de los implicados ha aportado últimamente nada nuevo sobre el asunto. Obviamente, se han puesto hace tiempo de acuerdo en mantener una misma actitud que, sobre todo, resalta la discreción de Jocelyn Bell Burnell. Nueve años después del acontecimiento, ella dijo: «creo que despretigiaría al Nobel el que le fuera dado a un doctorando, excepto en casos muy excepcionales, y no creo que éste fuera uno de ellos... Yo misma no estoy sorprendida, sobre todo cuando me encuentro bien acompañada a ese respecto, ¿o no?» [21].

De modo que la hierba sigue creciendo sobre el asunto. Mientras tanto, es posible que malas lenguas afirmen que hoy nadie hablaría del Nobel fallido de Jocelyn Bell Burnell, de 1974, si no se hubiera tratado de una mujer.

---

[20] Wade, ibíd., p. 364.
[21] Véase Bell Burnell: *Petit Four,* ibíd., 688; también en un escrito personal a la autora del 13-11-1989.

Más de un Premio Nobel, que ha sido atribuido generosamente con el pensamiento a un científico, parece no resistir un examen más riguroso sobre sus merecimientos. Esto puede aplicarse también al caso de las pocas mujeres conocidas ampliamente por el público que parecían haber superado todas las barreras en el camino hacia Estocolmo, para después, no obstante, quedarse a la sombra de hombres ganadores efectivos del Premio Nobel.

El menos espectacular parece ser el caso de la primera mujer de Einstein: Mileva Marić. Es seguro que no obtuvo una parte del Premio Nobel de Einstein debido a que su trabajo, incluso cuando hubiera sido vagamente merecedor del Nobel no era conocido en absoluto y parece ser que tampoco existió. Lise Meitner fue sin duda incluida en la lista con más derecho. No obstante, es plausible que no fuera premiada debido a haber emigrado y a que en la fase decisiva del descubrimiento de Otto Hahn había abandonado Berlín desde hacía ya un año. En contra de una participación de Chien-Shiung Wu en el premio de Lee y Yang, habló la opinión, extendida entre físicos, de que un experimento que han propuesto los teóricos y que es realizado con métodos conocidos no merece ningún Premio Nobel. Rosalind Franklin se quedó sin participar en el premio concedido a Crick, Watson y Wilkins, porque en el momento de la entrega ya no estaba viva y los premios Nobel no se entregan con carácter póstumo. Jocelyn Bell, finalmente, hizo su descubrimiento como investigadora dependiente y esa relación profesor-alumno no permitía colocarla en el mismo nivel que el ganador del premio, Anthony Hewish.

El camino al Nobel es obviamente largo y cansado. Las barreras que los científicos deben aceptar, son las mismas, pero ampliadas para sus colegas femeninas. No sólo la capacidad y la dedicación científica, también propiamente el empuje y el éxito científico visible son señales indicadoras del camino para el premio de Estocolmo, y las mujeres aparecen aquí continuamente en la retaguardia. Sin duda, el comportamiento agresivo masculino hace abandonar a la mayoría de ellas y raras veces se deciden a llevar a cabo su propósito a costa de sus colegas masculinos del laboratorio.

En el negocio de la ciencia domina una fuerte competencia, por lo que frecuentemente la arrogancia mostrada por los hombres tiene más éxito que la modestia y la timidez que muchas mujeres practican desde pequeñas. La capacidad de presentarse a sí mismas y venderse se encuentra poco desarrollada en casi todas las mujeres, sin que las científicas representen una excepción.

La falsa modestia es, en materia del Premio Nobel, fácilmente evitable: La creciente entrega de premios Nobel a descubrimientos colectivos con la paralela limitación del número de premiados a un máximo de tres personas, fuerza a la individualización de trabajos colectivos. Más que nunca tiene que ver con la capacidad de imponerse, «el instinto asesino»[1] del individuo frente a los otros de su grupo. Los codos más fuertes en esos casos no los tienen las mujeres, que desde temprano están más centradas en un esfuerzo armónico que en la descarga de conflictos.

Las dificultades para abrirse paso profesionalmente, incluso en el caso de mujeres tan dotadas como las posteriormente premios Nobel, se evidencian por sus generalmente tardíos empleos académicos. Así, la ganadora del Premio Nobel de Medicina de 1947, Gerty Cori, llevaba cerca de veinticuatro años como investigadora ayudante, cuando, finalmente, el año de su Premio Nobel fue nombrada profesora titular, con cincuenta y un años. La Premio Nobel de Física de 1963, Maria Göppert-Mayer obtuvo su primer puesto académico ordinario en 1960, a la edad de cincuenta y tres años, nueve años después de haber publicado su trabajo ganador del Nobel. También Dorothy Hodgkin forma parte de la lista de profesores universitarios empleados tardíamente: ella, que concluyó su trabajo coronado con el Nobel en 1955 y que fuera premiada por ello en 1964, obtuvo en 1960, con cincuenta y un años de edad, una cátedra y con ello al menos un título de profesor. Rita Levi-Montalcini, cuyo trabajo merecedor del Nobel databa de 1951, aunque no fue premiado hasta 1986, obtuvo su primera titularidad en 1958, con cuarenta y nueve años.

Barbara MacClintock, la Premio Nobel de Medicina de 1983, que ya había descubierto los famosos *jumping genes* en 1951, debe ser medida con otro baremo: ella, que

---

[1] Véase Zuckermann, ibíd., pp. 192 y ss.

siempre rechazó la acostumbrada carrera académica, encontró con cuarenta años su hueco en el campo de la investigación, un puesto como miembro investigador de la Carnegie-Foundation en Cold Spring Harbor.

Marie Curie e Irène Joliot-Curie no pertenecen a las empleadas con retraso. No obstante razones familiares fueron las que favorecieron sus carreras: Marie Curie obtuvo, con treinta y nueve años, la cátedra en la Sorbona de su marido fallecido, y ella misma hizo sucesora en su Instituto del Radio en París a su hija, de treinta y cinco años.

Las carreras académicas tardías son doblemente contraproducentes para las mujeres: complementariamente, refuerzan el alcance del llamado «efecto Mateo», del que las científicas femeninas son víctimas más frecuentemente que sus colegas masculinos. El teórico de la Ciencia americano Robert K. Merton ha expuesto el alcance de este efecto convincentemente: según las palabras del evangelista, «a aquel que posee, le será dado». Esto quiere decir que los investigadores que ya tienen un nombre encuentran más atención por su trabajo que los novatos en el mundo especializado. También son citados y nombrados más frecuentemente que investigadores desconocidos de instituciones menos afamadas. La última, sin embargo, es una situación en la que sobre todo se encuentran las mujeres. Ocupadas predominantemente por instituciones de segundo rango, apenas tienen una oportunidad de irrumpir alguna vez en el círculo interno de los expertos, por así decirlo, de convertirse en miembros del club científico de los «grandes señores». Sin embargo esto parece necesario para entrar en consideración en un Premio Nobel.

Sin la representación y sin la influencia de buenos amigos, no es posible ser escogido, cuando anualmente los tres mil expertos internacionales proponen candidatos en su sección al comité del Nobel.

Lo importante que son los buenos e influyentes amigos en la concesión del trofeo, lo han experimentado, por ejemplo, Solomon Berson y Rosalyn Yalow. Al principio de los años setenta —una década después del descubrimiento del ensayo radioinmunológico— ambos investigadores despuntaban en la lista de candidatos a un premio de Medicina. No lo recibieron en ese momento y Berson murió cinco años antes de que Rosalyn Yalow obtuviera finalmente el premio en 1977.

Respecto a esto, Rosalyn Yalow dice: «es mucho más fácil ser nominado cuando se pertenece a una institución que ya posee un premiado... En el Veterans Administration Hospital estábamos de algún modo aislados de las posiciones de poder en la Medicina americana»[2].

Incluso aun cuando Rosalyn Yalow finalmente obtuviera un Premio Nobel de Medicina, además sin su colaborador de investigación de largos años, entre los críticos reina la opinión de que el premio habría llegado antes si hubiera sido Berson el superviviente[3]. Porque el reconocimiento colectivo en la sociedad de los científicos y el afianzamiento de la posición obtenida aún son los puntos débiles de las mujeres investigadoras que raramente consiguen superar.

Una demostración casi trágica de esto la suministra Barbara McClintock, la Premio Nobel de Medicina de 1983, que en los círculos competentes pasó largo tiempo por ser una excéntrica y misántropa, ya que trabajó muchos años casi completamente aislada y prácticamente sin contactos con sus colegas sobre su novedosa, en aquel tiempo inusitada teoría, de los elementos genéticos

---

[2] Véase Stone, ibíd., p. 8.
[3] Véase Stone, ibíd., p. 9.

móviles. Adquirió con su investigación conocimientos sobre el maíz extremadamente profundos y básicos, pero a la vez también muy particulares y alejados del vocabulario de entonces. Cuando expuso los resultados de su investigación en congresos especializados, sus colegas no fueron capaces de entender sus ideas, por lo que no le prestaron atención. Barbara McClintock tuvo que esperar mucho tiempo para el reconocimiento de su labor. Veinte años después, gracias al establecimiento de técnicas biológico-moleculares y a otros nuevos descubrimientos, fue posible su irrupción a la palestra científica, que tras otros diez años condujo al Premio Nobel.

Las experiencias de Dorothy Hodgkin-Crowfoot, Premio Nobel de Química en 1964, fueron distintas. Ya durante sus estudios en Oxford tuvo contactos con el excelente biólogo molecular John Desmond Bernal, quien poco después aceptaría un departamento del famoso laboratorio Cavendish en Cambridge. En los dos años de trabajo con Bernal vieron la luz los primeros trabajos importantes de difracción de rayoz X en moléculas biológicamente significativas. En el instituto de Bernal, se encontraban, al mismo tiempo que Dorothy Hodgkin, una lista de hombres jóvenes como doctorandos, que más tarde fueran famosos igualmente; así, por ejemplo, el ganador del Premio Nobel de Química de 1962, Max Perutz. La señora Hodgkin volvió a Oxford, para trabajar allí independientemente, pero no dejó que el contacto con Bernal se rompiera. El fue quien primero la declaró como «candidata al Nobel», por su trabajo intensivo, durante la Segunda Guerra Mundial, para la comprensión de la penicilina.

A Rita Levi-Montalcini, Premio Nobel de Medicina de 1986, le sucedió algo parecido. Cuando estudiaba en Turín, en los años treinta, se formaba bajo su entonces profesor Guiseppe Levi un pequeño grupo de brillantes estudiantes, entre ellos los también futuros premios Nobel, Salvadore Luria y Renato Dulbecco, quienes lo recibirían en 1969 y 1975, respectivamente. Esto parece reafirmar la tesis de que los premiados en Estocolmo raras veces conquistan, por sí solos el máximo trofeo, sino que más bien suelen provenir de un «nido» de científicos capacitados.

La socióloga de la ciencia americana, Harriet Zuckerman, ha señalado también que la mayoría de las ganadoras de Premio Nobel americanas aprendieron con ganadores anteriores y que muchos ganadores han ayudado en el camino a más de un premiado [4]. Ejemplos de esto se encuentran también fuera del campo americano; así, Irène Joliot-Curie y Fréderic Joliot fueron formados por Marie Curie. Maria Göppert-Mayer era doctoranda de Max Born, Premio Nobel de Física de 1954, y además, en su tribunal de tesis de Göttingen estaban también James Franck, Premio Nobel de Física de 1925 y Alfred Windaus, Premio Nobel de Química de 1927. En los mismos EE. UU., otros premiados con el Nobel trazaron el camino profesional de Maria Göppert-Mayer: trabajó bajo las órdenes de Harold Urey, Premio Nobel de Química de 1934 y con Enrico Fermi, ganador del Premio Nobel de Física de 1938.

Harriet Zuckerman cree que el procedimiento del galardón sueco en cuanto a la nominación y la elección de los agraciados favorece a discípulos de los ganadores de Premio Nobel, debido al permanente derecho de candidatura de estos últimos y a su conocimiento profundo del sistema de elección, que los convierte en hábiles abogados de sus protegidos [5]. Estos discípulos resultan ser, no obstante, dignos merecedores de esta

---

[4] Véase Zuckermann, ibíd., pp. 100 y ss.

[5] Véase Zuckermann, ibíd., p. 106.

distinción, ya que los premios Nobel no sólo son buenos investigadores de élite, sino por regla general también excelentes profesores de élite, que eligen, forman y educan conscientemente a sus estudiantes, en los que despiertan las capacidades y disposiciones para grandes trabajos que hay en ellos[6].

---

[6] Véase Zuckermann, ibíd., p. 129.

Grandes trabajos en ciencia los han producido hasta ahora, según opinión de los expertos, sólo nueve mujeres, y con ello han satisfecho los requisitos científicos inherentes a un Premio Nobel. Sólo nueve mujeres fueron lo suficientemente conocidas y reconocidas como para ser, no sólo cuestionadas y nominadas, sino también elegidas. El que se llegara a ese éxito personal, no descansaba en última instancia en las ventajas sociales que capacitaron a estas nueve mujeres de forma parecida para una carrera en un dominio de hombres, como es el de las ciencias.

También los aparentemente más naturales de todos los determinantes profesionales de los científicos, la inteligencia y el ansia de investigar, deben ser desarrollados para llegar a ser eficaz. Donde padres y profesores sólo han insistido en las expectativas de desarrollo femenino en las estudiantes, falta el coraje, intereses y perseverancia. Matemática, Física y Química permanecen siendo territorios extraños al género femenino, que deben entrar en consonancia con la propia persona.

La situación inicial de las nueve mujeres Nobel y de las otras cuatro, que entraron en consideración en relación a un premio, se distingue ventajosamente en esta situación: todas venían de un medio académico de clase media, los padres eran maestros, médicos, abogados o profesores de universidad, y frecuentemente también las madres eran instruidas. Sin excepción, los padres dieron importancia también en el caso de sus hijas a un aprendizaje amplio y no sexuado en buenos colegios. Allí donde faltaban, dejaron que las chicas fueran enseñadas en casa, según sus criterios. A la vez, estaban preparados para potenciar y apoyar inclinaciones, intereses y preferencias de todo tipo.

Sobre todo la figura del padre estaba continuamente presente con su inclinación especial a esa hija, pero también con ofertas intelectuales y la mayoría de las veces con una actitud ante la expectativas igualmente clara. Así por ejemplo se sabe que Maria Göppert-Mayer era la favorita manifiesta de su padre. También Irène Joliot-Curie era obviamente una típica «hija de papá», antes de que su abuelo se hiciera cargo de su educación. Su madre, Marie Curie, escribe sobre esto: «Nuestra hija mayor, al ir creciendo, se convirtió cada vez más en una pequeña camarada para su padre, el cual se interesaba mucho por su educación y en las horas libres, sobre todo en las vacaciones, iba a pasear gustosamente con ella. El llevaba conversaciones muy serias con ella, respondía a todas sus preguntas y se alegraba sobre el desarrollo progresivo de la joven mente»[1].

Las madres de las posteriormente ganadoras de Premio Nobel parecen lo contrario de una gallina clueca

---

[1] Véase Marie Curie: *Pierre Curie,* Viena, 1950, p. 72.

protectora. Eran mucho más liberales, mujeres de amplias miras, no ortodoxas en su comportamiento, mucho más adelantadas en su pensamiento que la mayoría de las de su tiempo y ocupadas con todos sus recursos en intereses propios. Daban libertad tempranamente a sus hijas, ya fuera porque estuvieran enfermas (como la madre de Marie Curie, que padecía de tuberculosis), porque acompañaran a sus maridos en sus estancias en el extranjero (como la madre de Dorothy Hodgkin Crowfoot) o porque ellas mismas tuvieran que cumplir obligaciones diarias (como Marie Curie, profesora de universidad y jefa de laboratorio, o también la madre de Barbara McClintock con su gran tropa de hijos y sus continuas necesidades financieras). De esta forma, las madres enseñaron pronto a sus hijas el camino de la autoestima y las capacitaron para buscar su felicidad independientemente de la opinión de otra gente —si fuera necesario— e incluso, como se dio en algunos casos, emigrando de su país de origen. Cuatro de las premiadas, hicieron esto: Marie Curie se expatrió a Francia, mientras que Gerty Theresa Cori, Maria Göppert-Mayer y Rita Levi-Montalcini fueron a los Estados Unidos.

Capacidad de imponerse, competitividad y competencia las aprendieron algunas de las mujeres Nobel ya antes, en su familia de origen: Marie Curie, Dorothy Hodgkin, Barbara McClintock y Rita Levi-Montalcini tuvieron en cada caso tres hermanos. Gerty Cori tenía dos hermanas, Gertrude Elion un hermano más joven, Rosalyn Yalow uno mayor e Irène Joliot-Curie una hermana pequeña.

Ninguna de las mujeres Nobel muestra haber sido una niña pequeña típica; ganarse con coquetería o pretendido desamparo el favor del otro sexo, era para todas, desde la más tierna edad, inaceptable. Apenas si alguna de ellas muestra haber dado persistentemente demasiado valor a los atributos exteriores de belleza femenina, aun cuando no todas vivían tan espartanamente como Marie Curie en la primera mitad de su vida, o como Barbara McClintock, que desde su juventud renunció a lo que ella llamaba «decorar el torso».

Casi todas las premios Nobel eran deportistas. De Marie Curie se dice que incluso con avanzada edad nadaba entusiásticamente. Irène Joliot-Curie y Gerty Cori disfrutaban esquiando frecuentemente y gustaban además del montañismo. Barbara McClintock jugaba muy bien al tenis.

En última instancia, en la mayoría de los casos, discretos y deportivo aspecto externo, que finalmente hacía olvidar a la mujer que había en ellas, ayudó sin duda a las científicas de élite a hacerse respetar también en el «Club de los ancianos señores». Un «exceso de femineidad» dañaba su reputación científica; por ejemplo, la joven Gertrude Elion, en su entrevista de trabajo en la «Wellcome Research» por poco se vio rechazada por su atractivo. Una apariencia asexuada, por el contrario, permitió modos de comportamiento que de otro modo jamás se hubieran perdonado a las mujeres, por ejemplo el valor para afrontar temas arriesgados, el individualismo científico, el empuje por la imposición de prioridades, la resistencia a aceptar trabajos de segunda categoría, la elección de amigos y esposos sobre todo como continuación del trabajo científico, así como la renuncia a otras actividades y contactos. Ya que en la vida del investigador femenino son máximas, como Gerty Cori formuló una vez, «el amor al trabajo y la dedicación a él» [2].

Marie Curie describió cuál era el aspecto de la vida de una científica comprometida. Obviamente no queda ape-

---

[2] Véase Carl Cori, ibíd., p. 18.

nas tiempo para otra cosa, y esto se vive no como algo negativo, sino como una gran suerte. Todo parece un idilio: «En ese tiempo estábamos totalmente absorbidos por el nuevo campo de investigación, que gracias a un descubrimiento tan inesperado se abría ante nosotros. A pesar de las dificultades de nuestras condiciones de trabajo éramos muy felices. Pasábamos nuestros días en el laboratorio y llegó a ocurrir que tomáramos también allí nuestra sencilla comida en mitad el trabajo. En nuestra pobre choza reinaba un profundo silencio; a veces, cuando debíamos supervisar algún proceso, íbamos de arriba a abajo y hablábamos del trabajo presente y futuro; cuando teníamos frío, nos calentaba una taza de té caliente, que bebíamos al lado del horno. Vivíamos en el mismo círculo mental, como atrapados en un sueño»[3].

Aún un año antes de su muerte, con sesenta y seis años de edad, Marie Curie defendió con igual entusiasmo su amor por la ciencia: «pertenezco a aquellos que han comprendido la belleza especial de la investigación científica. Un sabio en su laboratorio no es sólo un técnico; también reacciona ante los procesos de la naturaleza como un niño ante un cuento de hadas... Yo no creo... en el peligro de que el espíritu de aventura desaparezca de nuestro mundo. Si hay algo vigoroso de entre todo lo que percibo en mí, es este espíritu de aventura, que aparece inalienable y se enlaza con la curiosidad...»[4].

Por ello, la vida investigadora apenas se vive en las mujeres en cuestión sólo como un serio deber. Es mucho más notorio lo frecuentemente que surgen las palabras «placer» y «diversión» en relación al trabajo

---

[3] Véase Marie Curie, ibíd., p. 55.
[4] Véase Eve Curie: *Madame Curie,* Frankfurt, 1952, p. 277.

científico y a su especialidad. Maria Göppert-Mayer, por ejemplo, siempre remarcaba que ella —aún sin puesto fijo— se ocupaba voluntariamente y no remuneradamente en la Física, «simplemente porque me divertía»[5], y Barbara McClintock afirmó sorprendida que es «realmente injusto, el premiar a una persona (con el Premio Nobel) por lo que durante tantos años le había procurado tanta diversión, el pedir a las plantas de maíz leer determinados problemas y luego observar su respuesta»[6]. La propia Jocelyn Bell Burnell, que podría sentirse estafada por no haber recibido el Nobel, dice que, en relación al descubrimiento de los púlsares, ya había «experimentado más expectación y felicidad, de la que corresponde a toda una vida»[7]. También para Rosalind Franklin, quien igualmente tuvo que encajar en el mundo científico algún que otro desengaño, la propia ciencia era un puro placer. Se cuenta la historia de que en la redacción de una solicitud de medios de investigación, Rosalyn advirtió a un colaborador con ojos fulgurantes: «¡de ningún modo debemos decirles que es tan divertido!»[8].

El secreto del éxito de las ganadoras del Nobel no parece ser en última instancia el que estuvieran en situación de tomar las decisiones profesionales y privadas correctas en cada momento. Aquí aparece Rosalyn Yalow ejemplar, cuando afirma de ella misma: «la gente se enfada cuando digo que siempre tuve suerte, pero que yo también en cada período de mi vida tomé la decisión correcta»[9]. La decisión de elegir un esposo, que aproba-

---

[5] Véase Maria Göppert-Mayer: *The Changing Status of Women,* ibíd., p. 4.

[6] Véase Jeremy Cherfas et al., ibíd., p. 79.

[7] Véase Jocelyn Bell Burnell: *Petit Four,* ibíd., p. 688.

[8] Véase Horace Freeland Judson, ibíd., p. 4.

[9] Véase Stone, ibíd., p. 34.

ra sus planes laborales, fue una de ellas. La elección de la medicina nuclear como campo de trabajo fue otra buena decisión. «En la física yo sólo era una en un gran grupo, pero aquí mis talentos eran mucho más necesarios». Sol Berson fue la tercera decisión. «Yo debía trabajar con alguien que supiera de medicina, y cuando se hubo de tomar la decisión entre un médico establecido y el absolutamente desconocido Sol, que acababa de terminar su especialidad, tomé la decisión correcta, sin que haya sido la habitual».

Casi ninguna de las nueve mujeres —exceptuando quizá a Barbara McClintock, a quien esto le acarreaba problemas— trabajaban solas ni sin respaldos, sino la mayoría de las veces largo tiempo en estrecho contacto con guías científicos y colegas —así Dorothy Hodgkin con John Desmond Bernal, Maria Göppert-Mayer con Joseph Mayer y Enrico Fermi, Rosalyn Yalow con Sol Berson, Rita Levi-Montalcini con Victor Hamburguer y Stanley Cohen, Gertrude Elion con George Hitchings. La cooperación científica más estrecha se encuentra en las famosas parejas ganadoras del Nobel Marie y Pierre Curie, Irène Joliot-Curie y Frédéric Joliot, así como Gerty Cori y Carl Cori.

De todos ellos, los Cori fueron los que permanecieron unidos más tiempo y más intensamente y, contra todas las resistencias académicas, también científicamente —en total cuarenta y tres años. La experiencia de Carl Cori, atestigua sin embargo, que una relación científica de ese tipo, paralela a una simbiosis privada está sometida a grandes pruebas, poniendo a prueba el carácter de ambos implicados. A causa de la ley contra el nepotismo en las universidades americanas, Carl Cori sufrió, entre otras cosas, una resistencia académica considerable en contra de su propia carrera para poder trabajar junto a su mujer.

Parecen existir aspectos comunes en las ganadoras, la elección del tema adecuado en el momento justo, los colaboradores apropiados, y si optan por el matrimonio el escoger un hombre por marido que comprenda sus ambiciones científicas. Así que no sorprende que sólo tres de las nueve premios Nobel quedaran solteras. Una de ellas, Barbara McClintock, obviamente no experimentó durante toda su vida ninguna necesidad emocional hacia los hombres, y aún hoy en día afirma que nunca pudo entender el matrimonio ni vivió la experiencia de necesitarlo[10]. Otro caso distinto fue el de Gertrude Elion, cuyo prometido murió antes de la boda. Tampoco Rita Levi-Montalcini se casó nunca. A ella le repugnaba el papel cliché tradicional. No obstante hoy actualmente opina que un compromiso personal intensivo con la ciencia y la responsabilidad familiar pueden aunarse de forma estable bajo la condición de elegir la pareja adecuada.

Marie Curie, Irène Joliot-Curie, Gerty Cori, Maria Göppert Mayer, Dorothy Hodgkin y Rosalin Yalow parecen haber logrado esto. Como mujeres profesionales no sentían ninguna inclinación natural hacia el clásico tipo masculino más frecuente en el pasado, que necesitaba a la mujer como accesorio decorativo o sustituta de la madre. Ellas se casaban con compañeros de estudios —aunque no siempre de la misma materia—, hombres con una mentalidad liberal generalmente, para quienes el compromiso científico o laboral de su esposa no debía ser suprimido, sino que por el contrario la estimulaban y apoyaban con todos su recursos.

De este modo, las científicas no tenían por qué asustarse de los deberes familiares. Las seis ganadoras del Premio Nobel casadas, tuvieron hijos, la mayoría dos, la

---

[10] Véase Fox, ibíd., p. 34.

señora Hodgkin incluso tres. Dorothy Hodgkin, tres veces madre, opina de resultas de su experiencia que tal tipo de vida es accesible para la mujer, desde cualquier punto de vista. También Maria Göppert-Mayer y Rosalyn Yalow, ambas madres de dos niños, comparten esta opinión.

No obstante, las mujeres que son científicas y a la vez madres de familia deben luchar en dos frentes, el masculino y el femenino quizá más intensamente aún que otras mujeres que trabajan. A veces, esto parece potenciar enormemente la creatividad. El físico británico, Brian Easlea, opina: «Ella (Marie Curie) no debió de ser nunca más creativa que en la época en que estaba embarazada o amamantaba a sus hijos» [11]. Se basa en los testimonios de, entre otros, el científico A. S. Russell, que en 1935, en su conferencia a la memoria de Marie Curie, explicó que su fase más creativa había durado de 1896 a 1903 [12]. Efectivamente, esta científica dio a luz en 1987 a su hija Irène, en 1904 a su hija Eve y en 1903 tuvo un aborto. El biógrafo de Marie Curie, Robert Reid, reseña: «Consiguió el dominio de los períodos más difíciles de su vida, que a la vez eran con mucho los más creativos: cuando estaba embarazada o cuidaba a su bebé» [13].

También Easlea hizo una afirmación parecida para la hija de Marie Curie, Irène Joliot-Curie, de la coincidencia temporal entre embarazo y creatividad científica: «el 28 de diciembre de 1931, apenas tres meses después del nacimiento de su segundo hijo, Irène Joliot-Curie informó a la Academia de Ciencias de París sobre el descubrimiento de rayos extremadamente penetrantes, que mostraban un parecido con los rayos X. Tres semanas más

---

[11] Véase Easlea, ibíd., p. 65.
[12] Véase Easlea, ibíd., p. 80.
[13] Véase Reid, ibíd., p. 118.

tarde, expuso en un artículo publicado juntamente con su marido una descripción más extensa de estos rayos» [14].

Gerty Cori, sobre la que no ha escrito Easlea, podría, sin embargo, utilizarse igualmente para la demostración de esta tesis, puesto que ella también vivió claramente su fase científica más creadora, la cual le procuró el Premio Nobel de Medicina en 1947, en el verano de 1936, poco antes del nacimiento de su único hijo. Su marido, Carl Cori, nos narra al respecto: «en agosto de 1936, parece ser que uno de los veranos más calurosos, que se dieron en St. Louis, nació nuestro hijo Thomas. En aquel entonces no había aire acondicionado. Unas actas que leí someramente, hablan de una temperatura en el laboratorio de 37º durante varias semanas. Por ello no necesitábamos baños de agua para desarrollar las soluciones test de enzimas. Gerty Cori trabajó hasta el último instante, antes de ingresar en la maternidad. Fue la época en que encontramos la Glucosa-I-Fosfato» [15].

También para Rosalyn Yalow coincidieron aproximadamente los años de más intensa atención a los niños con los del trabajo más fructífero en el laboratorio, ya que tuvo en 1952 a su hijo Benjamin, dos años más tarde a su hija Elanna y, por otra parte, en 1953 comenzó la colaboración portadora de éxito con Solomon Berson, que en 1959 iniciara la era del ensayo radioinmunológico y dieciocho años más tarde fuera honrada con el Premio Nobel. Tampoco Rosalyn Yalow se dejó desviar de su trabajo por tener un niño y regresó después de un plazo lo más corto posible de recuperación del parto a la mesa del laboratorio.

El sobrecargado doble papel de científica y madre de familia, sin embargo, sólo permite a las premios Nobel,

[14] Véase Easlea, ibíd., p. 89.
[15] Cori, ibíd., p. 17.

contactos e intereses de otro tipo cuando sus hijos se hacen mayores y el cénit de la creatividad científica ha sido sobrepasado. Esto lo muestran las biografías de Marie Curie, Irène Joliot-Curie y Dorothy Hodgkin, en las que, por ejemplo, los compromisos político-científicos y culturales y el trabajo en movimientos políticos para la paz empiezan a jugar un papel importante en un momento posterior. Las premios Nobel que murieron relativamente pronto y aún estaban en el apogeo de su labor científica como por ejemplo Gerty Cori, no llegaron a tener tiempo para actividades fuera de la investigación.

La distancia entre la mayoría de las premios Nobel frente a la cuestión feminista parece notoria. Todas parecen haber considerado que sólo podían aceptar la igualdad cuando por sí mismas reunieron los requisitos para poder competir con los hombres. Esto guarda relación con su falta de prejuicios por lo que no esperaban para su propia persona ningún tratamiento de favor a la vez que tampoco aspiraban a realizar ninguna clase de ideal femenino. Todas abordaron los problemas de su trabajo como si no hubiera ninguna diferencia entre ellas y los demás. Los demás eran, casualmente, sólo hombres.

Todas las mujeres Nobel, incluso las primeras, representan a la perfección el ideal de moderna mujer profesional, que tiene la autoestima suficiente como para poder actuar sin aspiraciones específicas por su condición de mujeres, o emancipadoras. Su comportamiento tenía por ello que ver, sobre todo, con su procedencia y educación, sus condiciones de partida privilegiadas y su inteligencia propia. La falta de sensiblería contra las discriminaciones específicas de sexo ayudó mucho sin duda a las futuras premios Nobel en sus carreras. Con ello se ahorró esfuerzos y se evitaron enfrentamientos.

Ninguna de las nueve premios Nobel intentó nunca ligar el trabajo científico y su creatividad con unos valores específicamente femeninos. Ninguna se ha quejado nunca de sentirse una extraña en su trabajo porque estuviera exclusivamente rodeada por hombres. En ninguna parte se recoge una palabra acerca de que ellas hayan encontrado, materializados en la ciencia valores que contradijeran su condición social de mujeres. Nunca formuló ni una sola de las nueve mujeres Nobel la cuestión que hoy parece tan importante sobre si no domina excesivamente el punto de vista masculino en la investigación científica ni que éste debiera ser completado con una perspectiva femenina.

Quizá este remarcar lo impersonal en la investigación, la postergación de deseos, objetos y creencias privados, sea precisamente el secreto del sobresaliente éxito científico de las hasta ahora nueve ganadoras femeninas del Nobel en ciencias.

Para finalizar, parece excitante la, no obstante, extremadamente arriesgada especulación sobre quién pudiera ser la décimo primera ganadora de Premio Nobel. Las hasta ahora nueve mujeres Nobel en ciencias, ya que Marie Curie fue dos veces ganadora son una pequeña colectividad demasiado modesta como para permitir cualquier afirmación estadística. De todas formas, se pueden extrapolar algunos rasgos comunes biográficos que dan quizá un tipo de retrato robot.

Según esto, el siguiente Premio Nobel femenino en ciencias podría ser esperado para principios de los años noventa, dado que los intervalos de la entrega a mujeres en la última década han sido cada vez más cortos y desde 1977 cuatro premios Nobel han sido dados a mujeres, los últimos dos en 1986 y 1988, con una separación de sólo dos años.

Supuestamente, el próximo premio recaería, como los cuatro anteriores, de nuevo en una médica y además

nuevamente —como ya cinco veces antes— en una
americana o al menos en una científica que investigara
en los Estados Unidos. Desde la Segunda Guerra Mundial, la mayoría de los premios Nobel en Ciencias,
especialmente los de Medicina, han ido a los EE. UU.:
de los cincuenta ganadores del Nobel de Medicina de los
últimos veinte años, treinta y uno eran americanos, sin
contar con que en 1989, dos americanos compartieron el
Premio Nobel de Medicina. Las mujeres están bien
representadas, comparativamente, en la Medicina.

La nueva ganadora será como sus predecesoras, quizá
judía, y provendrá del entorno de clase media académica,
donde también se tienen expectativas intelectuales acerca
de las hijas. No obstante, habrá superado hace mucho
tiempo la fase del tutelaje científico, es decir, de una
relación profesor-alumna. Se habrá labrado su camino
con perseverancia y no habrá producido una sola obra
científica excepcional, sino que se habrá promocionado
para el premio Nobel a través de publicaciones reconocidas y a través de otros escalones previos pertinentes,
como por ejemplo, el premio Rosenstiel, el premio
Horwitz o el premio Lasker, que también obtuvieron
previamente las restantes ganadoras estadounidenses del
máximo galardón en Medicina.

La siguiente ganadora del Nobel tampoco será muy
joven —presumiblemente al inicio o a la mitad de la
cincuentena— sin que por ello deba pertenecer al grupo
de las «empleadas tardías» académicas. Con toda proba-
bilidad, tendrá un esposo que será igualmente un científico, sin que este hecho le haya favorecido en su carrera.
Sus hijos ya estarán crecidos.

La undécima Premio Nobel en Ciencias compartirá
probablemente su premio, como la mayoría de sus predecesoras, con uno o dos colegas masculinos, porque la
práctica de la entrega tiende cada vez más a la partición.

Por lo demás, un décimo primer Nobel femenino no liberará este trofeo científico del aura de su extrema infrecuencia en ser concedido a mujeres. Estos galardones, especialmente los científicos, continúan siendo cosa de hombres en tanto en cuanto que también los estudios de ciencias son una cuestión mayoritariamente masculina.

Resulta un acontecimiento anecdótico el que precisamente fuera una mujer la que indirectamente impidiera la existencia de un cuarto Premio Nobel en Ciencias, el de matemáticas, y con ello haya vengado por adelantado, por así decirlo, a sus compañeras de sexo de una futura injusticia. La tan inteligente como atractiva matemática rusa Sofya Kovalevskaya —famosa entre otras cosas porque obtuvo como primera mujer en Europa una cátedra de matemáticas y por cierto, en Estocolmo— tuvo, poco después de su llegada a Suecia una intensa relación con Alfred Nobel, para después abandonarle a causa del profesor Magnus Gustav Mittag-Leffler, el entonces decano de la Facultad de Matemáticas de Estocolmo. Alfred Nobel no olvidó esta mala pasada: cuando él más tarde redactara su testamento, se informó minuciosamente por sus consejeros sobre si Mittag-Leffler sería una candidata potencial al trofeo. Sus consejeros no pudieron por menos que asentir. Por este motivo, Nobel renunció al establecimiento de un premio en Matemáticas, y así ha permanecido hasta ahora.

Dictionary of Scientific Biography, vols. 1-8, Nueva York, 1981.

Brian Easlea: *Väter der Vernichtung. Männlichkeit, Naturwissenschaftler und der nukleare Rüstungswettlauf* (Padres del exterminio: humanidad, científicos y la carrera de armamentos nucleares), Hamburgo, 1986.

Karin Hausen y Helga Nowotny (Ed.): *Wie männlich ist die Wissenschaft? (¿Cuán masculina es la ciencia?),* Frankfurt, 1986.

Charlotte Kernes (Ed.): *Nicht nur Madame Curie... Frauen, die den Nobelpreis bekamen* (No sólo Mme. Curie... Mujeres, que recibieron el Premio Nobel), Weinheim Basel 1990.

La Fundación Nobel: *The Nobel Prize Lectures* (Las conferencias del Premio Nobel), así como *Les Prix Nobel. The Nobel Prizes,* Amsterdam, Estocolmo, desde 1901 (anual).

Olga S. Opfel: *The Lady Laureates. Women who have won*

· *the Nobel Prize* (Las mujeres premiadas. Mujeres que han ganado el Premio Nobel), N. J., Londres, 1978.

Fritz Vögtle: *Alfred Nobel,* Hamburgo, 1983.

Harriet Zuckermann: *Scientific Elite. Nobel Laureates in the United States* (Elite científica. Ganadores del Nobel en los Estados Unidos), Nueva York, 1977.

Detalles biográficos individuales respecto a las científicas estudiadas en los capítulos respectivos.

Págs. 39, 71, 161, The Nobel Foundation, Estocolmo; págs. 57, 81, 95, 109, 127, Bildarchiv Süddeutscher Verlag, München; pág. 147, foto Rita Levi-Montalcini; pág. 175, Schweizerische Landesbiblioteck, Berna; pág. 185, con el amistoso consentimiento de Mrs. Ann Meitner y The Master, Fellows and Scholars of Churchill College en la Universidad de Cambridge; pág. 199, foto Chien Shiung-Wu; pág. 209, Jennifer Glynn, Cambridge; pág. 223, Playback Associates.

Indice